김밥
김 위에 밥 위에 달걀지단 위에 당근 위에 시금치 위에

소소 002

초판 1쇄 인쇄 2022년 5월 6일
초판 1쇄 발행 2022년 5월 13일

지은이　남원상
펴낸이　이영선
책임편집　차소영

편집　이일규 김선정 김문정 김종훈 이민재 김영아 이현정 차소영
디자인　김회량 위수연
독자본부　김일신 정혜영 김연수 김민수 박정래 손미경 김동욱

펴낸곳 서해문집 | 출판등록 1989년 3월 16일(제406-2005-000047호)
주소 경기도 파주시 광인사길 217(파주출판도시)
전화 (031)955-7470 | 팩스 (031)955-7469
홈페이지 www.booksea.co.kr | 이메일 shmj21@hanmail.net

ⓒ남원상, 2022
ISBN 979-11-92085-28-9 03910

김 위에 밥 위에

달걀지단 위에

당근 위에

시금치 위에

남원상 지음

서해문집

돌김이어야 한다.

보기에는 김밥용 김이 반질반질해서 곱긴 한데, 식감과 향이 영 심심하다. 외할머니 손등처럼 가슬가슬한 돌김이 제맛이다. 늦가을 산책길에 바싹 마른 가랑잎을 바스락 소리 나게 밟을 때 느껴지는 묘한 쾌감, 살짝 구운 돌김으로 싼 김밥을 씹을 때면 그런 상쾌한 파괴감이 입안 가득 차오른다. 향긋한 바다 내음도 김밥용 김보다는 돌김 쪽이 한층 더 진하다. 물론 구멍 숭숭 뚫린 돌김을 선호하는 사람은 많지 않다. 보기에 좀 흉하기도 하거니와 김밥을 말 때 툭하면 옆구리가 터지니까. 괜찮다. 그럴 줄 알고 돌김을 넉넉하게 준비해 둔다. 예비용 김을 짝짝 찢어 터진 부분마다 누더기 깁듯 덧대거나 아니면 아예 두 장씩 깔아주면 그만이다.

다 만든 김밥 모양새가 울퉁불퉁 못생겼으면 뭐 어떤가. 맛만 좋다면 얼마든지 오케이다.

새하얀 쌀밥이어야 한다.

다른 게 섞이면 싫다. 현미나 흑미, 잡곡이 건강에 좋다는 걸 모르는 게 아니다. 김밥을 먹지 않는 끼니에 고루 챙겨 먹으면 된다. 기저질환 때문에 백미를 피해야 하는 게 아니라면, 어쩌다 한 번 먹는 김밥 속 밥까지 굳이 건강을 따져 가릴 필요가 있을까? 김밥은 육류, 채소, 김, 양념 등 다채로운 식재료가 어우러져 맛의 카니발을 여는 음식이다. 그중에서도 밥이 맡은 역할은 다른 재료들의 개성을 북돋워주는 보조다. 그러려면 튀지 말아야 한다. 그윽한 달콤함, 담백함, 부드러움이 살아 있는 흰쌀밥이야말로 다른 재료들과 상충하지 않는 최적의 파트너. 색감에서도 마찬가지다. 자른 단면에 드러나는 속재료들의 알록달록한 색깔은, 백지장 같은 쌀밥이 배경이어야 빛을 발한다. 말하자면 밥은 김밥이라는 작품 속에서 화려하게 돋보이는 주연이라기보다는 묵직하게 받쳐주는 조연에 가깝다. 주연이 아니라고 해서 아무 배우나 쓸 수 없듯이 아무 쌀이나 쓸 수 없지만, 다른 재료들에 비해 비중이 커서는 안 된다. 반듯하게 펼친 김의 반 정도 넓이에 얄따랗게 깔아주면 딱 적당하다. 아, 한 가지 더. 밥은 꼭 고슬고슬하게 지어야 한다. 김밥은 마지막에 꾹꾹 눌러 완성하는 음식인데, 진밥을 그렇게 하다 보면 쌀알이 뭉개져 김밥이 아닌 김떡을 먹을 수 있다. 속재료에서 나오는 수분을 흡수하기는커녕 밥알부터 축축하다면 김은 금세 눅눅해지고, 곧 향마저 날아가버린다. 진밥으로 만든 김밥은 퉁퉁 불다 못해 퍼진 라면이고, 너무 바짝 익어버린 붕어빵이고, 수분이 말라붙어 딱딱해진 호빵이다.

한우 채끝이나 비엔나소시지여야 한다.

질 좋은 한우는 짜파구리조차 고급스러운 미식으로 재탄생시키는 기적의 식재료. 그중에서도 채끝은 소고기 본연의 풍미가 응축된 살코기다. 간장 양념을 입히고 마늘로 누린내를 잡으면 짭조름한 맛에 쫄깃한 식감, 고소한 육향이 입맛을 당긴다. 물론 수입산 소고기도 아닌 한우는 가격이 비싸다. 고기를 양념하는 과정에 손이 많이 가기도 한다. 그래서 채끝 대신 곧

잘 선택되는 것이 비엔나소시지다. 솔솔 풍겨 나오는 훈연 향도 좋지만 탱글탱글 씹는 맛도 좋다. 김밥에 알맞게 길쭉하게 썰어 넣는 일이 퍽 귀찮지만 그만한 가치가 있다. 같은 가공육이라도 벽돌처럼 네모지게 생긴 김밥용 햄은 싫다. 김밥에 넣기에는 편할지 몰라도 뚝뚝 끊기는 푸석한 질감이 별로다.

그 밖에 달걀지단이, 단무지가, 오이가, 당근이 필요하다. 달걀지단은 소금 간을 해서 감칠맛을 낸다. 오이는 설탕을 약간 넣은 식초에 잠시 재워 풋내를 제거하고 상큼함은 살린다. 당근은 곱게 채 썰어 기름에 슬쩍 볶아 똑 부러진 식감을 유연하게 바꾼다. 단무지는 물에 헹궈 소금기를 씻어낸다.

김밥을 싸고 먹는 방식에도 조건이 있다. 김밥발 같은 보조도구는 거치적거린다. 돌김이 툭하면 터져버리니 밥알이 김밥발에 들러붙기 쉽다. 손으로 정성껏 말아 누르기만 해도 제법 둥그스름한 모양이 잡힌다. 굳이 김밥발까지 써가며 지름이 고른 원형을 만드는데 집착할 필요가 없다. 중요한 건 밥이나 속재료의 온기가 가시지 않은 상태에서 후다닥 싸는 것이다. 완성된 김밥 위에는 참기름 같은 양념을 바르지 않는다. 기름은 돌김 특유의 향을 해치고 바삭한 식감을 눅눅하게 만든다. 이렇게 만든 김밥을 한입에 넣기 좋게 도톰한 두께로 썬 다음, 그 자리에서 손으로 집어 곧장 입에 넣는다. 갓 만든 김밥이 가장 맛있다.

　　나에게 완벽한 김밥이란 이런 것이다. 한창 잘 먹던 나이에는 이런 김밥이 눈앞에 있으면 대여섯 줄은 너끈히 먹어치웠다. 돌이켜보면 어린 시절 집에서 해 먹던 김밥이 딱 이랬다. 엄마는 요리를 즐기는 사람이 아니었고, 손맛이 대단한 편도 아니었다. 그런데 김밥만큼은 엄마가 만들어준 게 세상에서 제일 맛있었다. 김밥 속재료 하나하나에 들어가는 품을 생각해보면 엄마에게는 얄궂은 일이었겠지만, 내게는 김밥을 먹는 날이 작은 축제일이나 마찬가지였다. 엄마가 이런저런 재료들을 상 위에 한가득 늘어놓은 채 김밥을 싸고 썰기 바빴다면, 나는 색동저고리처럼 알록달록한 김밥들이 그릇 위에 하나씩 놓일 때마다 집어 먹기 바빴다. 김밥을 싸놓기가 무섭게 먹어대니 한 줄이 완성되기까지는 퍽 오랜 시간이 걸렸다. 그동안 우리는 마주 앉아 이야기를 나눴다. 내가 학교에서 있었던 일을 꺼내놓으면 엄마는 어렸을 적에 겪었던 비슷한 일 혹은 전혀 다른 일을 말해주곤 했다. 그렇게 대화를 나누다 보면 성적표는 언제 나오느냐거나 방 청소는 언제 할 거냐는 잔소리가 섞이기도 하고, 내일 저녁은 뭘 먹을 것인지 진지한 토론으로 이어지기도 했다. 대화 소재는 김밥 속재료만큼이나 다양했다. 김밥을 유독 좋아하는 건 어쩌면 이렇게 아련하면서도 정겨운 기억들이 고스란히 담긴 음식이기 때문인지도 모르겠다.

　　돌김이니 한우 채끝이니 하면서 시시콜콜 열거했는데, 다 쓰고 보니 내가 생각해도 참 유난스럽다. 하지만 어디까지나 '이상적인 김밥'의 조건이다. 편의점에서 파는 삼각김밥이든, 김밥천국에서 파는 참치김밥이든, 출근길 전철역 앞에서 파는 김밥이든 잘 먹긴 마찬가지다. 그거야 누구나 그렇지, 라고 생각할 수 있지만 김밥은 생각보다 취향을 많이 타는 음식이다. 오이를 싫어하는 사람이 있는가 하면 우엉을 싫어하는 사람이 있다. 참치김밥이라면 덮어놓고 좋아하는 사람이 있는가 하면 느끼하다고 싫어하는 사람이 있다. 꼭 속재료에서만 취향을 타는 건 아니다. 김대중 전 대통령은 생전에 "곱게 썬 김밥은 맛이 없다"며 통째로 집어 입으로 베어 먹었고(명확한 근거는 없지만 왠지 그럴듯하게 들린다), 박찬호 전 야구선수는 김밥을 초고추장에 찍어 먹는 습관이 있었다(상상해본 적도 없는 조합이다).

어쩌면 이 글을 읽는 동안 '난 김 위에 참기름을 꼭 발라야 하는데'라거나 '햄 말고 오징어나 어묵 넣은 김밥이 더 맛있는데' 등 각자 자신이 좋아하는 김밥을 떠올렸을지도 모르겠다. 모두 옳다. 정답은 없다. 각자의 취향이다. 김밥은 다양한 속재료를 조합해 완성하는 음식이다. 겉모습이야 비슷비슷해 보여도 속재료로 무엇을 선택하는지, 어떻게 만드는지, 또 어떻게 먹는지에 따라 완전히 달라질 수 있다. 편의점에서는 꽤 오래전부터 다양한 삼각김밥을 팔고 있었고(물론 기다란 김밥과 함께), 동네 작은 분식집이나 전철역 앞 노점상에서도 '그냥' 김밥만이 아니라 참치김밥, 치즈김밥 등 두세 가지쯤은 내놓고 있다. '로봇김밥'이나 '서가원김밥' 같은 김밥 전문 프랜차이즈는 김밥 메뉴만 열다섯 가지가 넘는다. 달걀지단이나 햄 등이 있던 자리에는 이제 베이컨이, 삼겹살이, 돈가스가, 떡갈비가, 연어가, 닭가슴살이 놓인다. 얇은 노란색 체다치즈가 있던 자리에는 크림치즈가, 단무지가 있던 자리에는 와사비가 놓인다.

종류가 이렇게나 다양하다는 건 물론 김밥을 좋아하거나 자주 먹는 사람이 상당히 많다는 뜻이다. 어느 동네를 가든 김밥집 없는 곳이 드물다. 통계청에 따르면 2019년 김밥 및 기타 간이음식점(김밥 전문점 및 김밥, 떡볶이 등을 파는 분식집) 수는 4만 4495곳으로, 치킨집(3만 7508곳)이나 중국집(2만 5615곳) 수를 훌쩍 뛰어넘는다. 연간 매출액은 5조 6952억 원 이상. 하루 매출액으로 따져보면 156억 원에 이른다. 분식집에 떡볶이나 순대 등 다른 메뉴가 있다는 점을 감안해도, 매일 어마어마한 양의 김밥이 소비된다는 것을 짐작할 수 있다. 편의점은 말할 것도 없다. 간편식 판매량 1~2위를 차지하는 삼각김밥은 물론, 일반 김밥 역시 늘 매출 상위권에 오른다.

아침에 출출할 때나 점심을 나가서 먹기 힘들 만큼 바쁠 때, 저녁에 무언가를 차려 먹기 귀찮을 때나 야근할 때, 김밥 한 줄 사보지 않은 사람이 있을까? 컵라면을 살 때 삼각김밥을 같이 살까 말까 고민해보지 않은 사람은? 여러 가지 재료가, 그것도 각각을 조리한 형태로 들어가 손이 많이 가는 만듦새에도 불구하고 김밥은 대표적인 간편식이자 일상식으로 자리 잡은 지 오래다. 그렇다면 당연히 김밥에 대해 할 얘기도 많지 않을까? 이 책은 여기서부터 출발했다.

물론 김밥 레시피나 맛집을 소개하려는 건 아니다. '김밥'이라는 음식에 얽힌 갖가지 이야기를 통해 사회·정치·경제·문화를 두루 살펴보는, 김밥에 관한 일종의 트리비아 모음집이다. 김밥은 어쩌다 소풍 음식의 대명사가 됐는지, 김밥에 소시지가 들어간 건 언제부터인지, 김밥의 원조는 한국인지 일본인지, 김밥천국은 왜 전국 상권의 요지를 점령했는지 같은 이야기들 말이다.

김밥 이야기로 책을 내기까지 많은 도움을 준 차소영 편집자와 서해문집 출판사에 이 공간을 빌려 감사를 표한다. 맛있고 행복한 추억을 남겨준 어머니와, 남편의 별난 식성 탓에 수시로 김밥을 싸는 아내에게 특히 고마운 마음을 전한다. 그러고 보니 얼마 전 아내와 나눈 대화가 떠오른다. 자주 이용하는 온라인 마켓에 무산김 돌김(전남 장흥에서 특산물로 생산되는 김인데, 장흥무산김이라고도 한다)이 할인가에 올라왔다. 탐나는 가격이긴 한데 100장 묶음이라 두 식구 먹기엔 양이 많지 않나 싶어 고민하고 있었다. 그러자 옆에서 아내가 코웃음을 쳤다.

"100장? 그게 뭐가 많아. 우리 집은 김밥이 일용할 양식인데. 김밥이라면 아주 징글징글해."

프롤로그 _____ 004

김밥천국 · 017

충무김밥 · 029

자투리1: 김밥 옆구리 터졌네 · 040

노리마키 · 043

교리김밥 · 054

자투리2: 김밥 로봇 · 063

마약김밥 · 066

삼각김밥 · 079

자투리3: 소풍 · 091

떡볶이 · 095

소시지 김밥 · 107

치즈김밥 · 119

자투리4: 금밥 · 131

새우튀김 김밥 · 137

라면 · 149

누드김밥 · 160

에필로그 _____ 171

차례

김밥천국。

평일 오전 11시 30분. 회사원으로 일하던 시절, 막내 자리에서 키보드 두드리는 소리가 요란해지는 시간이 딱 이 무렵이다. 팀 점심 메뉴를 정한 뒤 식당에 자리를 예약하기 위해 사내 메신저로 의견을 수렴하는 것이다. 이게 생각보다 쉬운 일이 아니다. 다들 입맛은 제각각에, 누구는 어제 술을 마셨으니 해장국을 먹어야겠고, 누구는 못 먹는 음식이 있고, 누구는 오늘따라 매운 음식이 먹고 싶다고 하고.

물론 이 모두를 만족시키는 방법 따위는 없다. 막내의 골칫거리는 팀장이 메뉴 결정권을 행사하면 간단히 해결된다. 막내가 "팀장님이 추어탕 드시고 싶대요"라고 메시지를 날리는 순간, 거기서 끝이다. 도저히 추어탕을 먹지 못하는 팀원들은 슬금슬금 빠지고, 나머지는 내키든 내키지 않든 추어탕 한 그릇을 주문하는 것이다.

간혹 팀장이 "아무거나"라고 답할 때, 나머지 팀원들마저 결정을 못 할 때, 곧잘 가던 곳이 김밥천국이다. 다들 알다시피 김밥천국에는 김밥에서부터 라면, 쫄면, 김치찌개, 된장찌개, 떡볶이, 제육볶음, 불고기, 오므라이스, 비빔밥, 돈가스, 만두, 우동, 냉면, 해장국, 청국장, 삼계탕, 갈비탕 등 (과장을 보태서) 메뉴가 거의 100가지에 이르니 팀원들의 서로 다른 입맛을 충족시키기에 편하다. 제각기 다른 메뉴를 시켜도 빨리 나온다. 무엇보다도 싸다. 저렴한 가격은 직장인의 점심 메뉴 선택에 대단히 중요한 요소다.

김밥천국에 도착하면 막내는 다시 분주해진다. 물도, 반찬도 셀프인 곳에서 막내는 의자에 엉덩이 붙일 틈 없이 테이블과 정수기, 반찬통 사이를 오간다. 그동안 직급 낮은 또 다른 팀원은 테이블 위에 놓인 주문지에 메뉴를 받아 적는다. 물론 주문도 셀프니까. 손바닥보다 조금 큰 주문지에 수많은 메뉴를 구겨 넣느라 깨알같이 적힌 음식 이름 옆으로, 각자 주문하는 수량이 '정正'자로 기입된다. 이렇게 완성된 주문지를 상 치우느라 정신없는(그래서 대체로 퉁명스러운) 홀 이모님에게 건네고 나면, 비로소 막내들의 식전 임무도 끝이 난다.

김밥천국에 갔지만 정작 김밥이 주인공 자리를 차지하는 일은 거의 없었다. 테이블마다 한두 줄 주문해 애피타이저처럼 나눠 먹을 뿐, 각자의 식사는 김밥이 아닌 다른 메뉴였다. 내 선택은 늘 순두부찌개였다. 손톱만 한 바지락이 쩨쩨하게 몇 개 들어 있을 뿐인 벌건 국물이 왜 그렇게 맛있었을까? 별 건더기 없이 고춧가루와 조미료만으로도 자극적이고 얼큰한 맛이 났는데, 그게 라면 수프처럼 중독성 있었다.

사실 김밥천국에서 파는 음식이라는 게 대부분 그렇다. 양질의 식재료로 정성 들여 만든 음식과는 거리가 멀다. 누구든 빨리 손쉽게 만들 수 있고, 갖은 조미료로 그럭저럭 먹힐 만한 맛을 내는 대중 음식이다. 당연하다. 다시 말하지만, 김밥천국은 싸다. 저렴한 가격을 내세운(그렇지만 김밥천국보다 세련된 인테리어에 말끔한 서비스를 제공하는) 프랜차이즈 음식점이 많아진 지금은 그렇게까지 저렴하게 여겨지지 않는 것도 사실이지만, 여전히 김밥천국만큼 찾기 쉬우면서 값싼 음식점을 찾는 것도 쉬운 일은 아니다. 편의점 도시락이 아무리 맛있어지고 저렴해진들 편의점 테이블에서 전자레인지에 데운 밥을 먹는 것과, 식당에서 (테이블은 별다르지 않다 해도) 지은 밥을 먹는 것은 전혀 다르다. 그렇기에 고기는 얇고 튀김옷은 두꺼운 돈가스가 나와도, 비빔밥에 상추만 많아도, 냉동식품을 해동만 해서 내놓은 듯한 모양새여도 별 불만 없이 씹어 삼키게 된다.

어쨌거나 주변에서 워낙 흔히 볼 수 있기 때문인지 김밥천국은 '김밥집'의 대명사처럼 통한다. 그래서 그 많고 많은 프랜차이즈 김밥 전문점들의 원조가 김밥천국이 아닐까 싶었는데, 아니다.

사실 김밥은 이미 오래전부터 행상이나 포장마차, 분식집 등에서 팔아왔던 외식 메뉴다. 1980년대만 하더라도 서울에 2호선, 3호선 등 지하철 노선이 개통됨에 따라 지하도에 들어선 간이식당들이 직장인이나 학생들을 상대로 김밥을 팔았다. 지하철역 출구 앞에서도 호일로 싼 김밥을 쌓아놓고 파는 이들을 심심찮게 볼 수 있었다. 하지만 이들은 미리 싸둔 김밥이나 납품받은 김밥을 파는 정도였고, 주문하면 바로 말아서 내주는 즉석김밥 전문점이 등장한 것은 1990년대 초반이다.

내가 살던 아파트 단지 내 근린상가에 김밥집이 생긴 것도 이 무렵이었다. 저녁을 차리기 싫은 날이면 엄마는 김밥 몇 줄 사 오라는 심부름을 시키곤 했다. 4~5평 남짓한 비좁은 가게 안에는 테이블이 따로 없었다. 주문을 하면 주인아주머니가 김밥을 마는 모습이 바로 보였다. 서글서글한 인상에 경상도 사투리를 쓰던 주인아주머니는 기다리는 동안 먹으라면서 김밥 꼬다리를 하나씩 건네주곤 했는데, 그렇게 얻어먹는 따끈한 김밥 꼬다리가 유난히도 맛있었다.

1993년 9월 27일 《조선일보》에 실린 기고문 〈김밥전문점〉을 보면 당시 유행했던 김밥집 창업 과정을 알 수 있다.

지난해 처음 가게를 낼 때에는 대여섯 가지로 출발했다가 지금은 김밥만 해도 열 가지를 훨씬 넘는다. 모두 내가 개발해낸 작품들이다. 김치김밥으로부터 달걀, 어묵, 햄, 맛살, 콩나물, 참치, 치즈김밥 등 무척 다양하다. 일반 분식가게에서 파는 김밥과 차별화하려고 많은 애를 썼다. 나이 드신 어른들 입맛에 맞도록 유부김밥도 개발했고, 어린이를 위해서 오색 꼬마김밥도 내놓았다. 햄, 맛살, 시금치, 당근, 달걀 등 다섯 가지 재료를 넣어 애들이 좋아하도록 색깔도 예쁘게 하고 크기도 작게 만들었다. 내놓자마자 날개 돋친 듯 팔린다. (…) 우리 가게 김밥이 인기를 누리는 비결은 완전히 '가정식'이라는 데 있다. 일손이 많이 가는 업종이기는 하지만 여자의 부업으로서는 수입이 괜찮은 편이다. 자본금도 많이 필요하지 않다. 13평짜리 점포를 얻는 데 권리금과 보증금으로 2200만 원이 들어갔고, 월세로 35만 원이 나간다. 테이블 세 개와 의자 열두 개, 그리고 주방 설비에 600만 원쯤이 들었다. 그뿐이다. 장소 선택도 고민거리가 아니라고 본다. 아파트 단지나 사무실 지역 모두 괜찮다. 예약 주문분에 대해서는 모두 배달해주면 된다. 김밥은 불황을 타지 않는 장사다. 마진율도 비교적 높아 어림잡아 40%선은 되는 것 같다. 게다가 이제는 남녀노소 가리지 않고 즐겨 찾는 간식거리로 자리 잡혔다. 하나부터 열까지 일일이 손이 가지만 심심찮게 주문이 몰려 고된 줄을 모른다.

이런 성공담에 자극을 받아서였는지는 알 수 없지만, 1990년대 초중반 대도시 번화가에서부터 주택가까지 비슷비슷한 김밥집들이 속속 문을 연다. 지금까지도 찾아볼 수 있는 '김가네'와 '종로김밥'이 각각 대학로와 종로에 문을 연 것이 1994년이다. 이 두 회사를 비롯해 크게 성공한 몇몇은 프랜차이즈 사업에 뛰어들었다(창업한 해가 같은 이 두 회사는 프랜차이즈 사업도 똑같이 1996년에 시작한다). 매스컴에서는 이를 두고 '한국식 패스트푸드'라며 즉석김밥 유행에 불을 붙였다.

한편 1994년에 (지금은 부대찌개나 보쌈으로 유명한) '놀부'도 김밥 전문점 사업을 시작했는데, 브랜드명이 다름 아닌 '김밥천국'이었다. 당시 이 김밥천국에서는 소고기김밥, 김치김밥, 치즈김밥, 참치김밥, 꼬마김밥 등 갖가지 김밥과 함께 라면, 오뎅 등을 메뉴로 내놓았다. 하지만 고만고만한 김밥집들이 이미 넘쳐나는 가운데서 뚜렷한 차별점을 내세우지 못했는지 곧 사업을 접었다. 그렇게 (기록상) 최초의 김밥천국은 사라졌다.

지금 우리가 알고 있는 '김밥천국'의 시작은 1995년이다. 인천 주안동에서 자그마한 분식집으로 문을 연 김밥천국은 1000원짜리 김밥으로 승부수를 던졌다. 서민 외식 물가를 나타내는 지표로 자주 활용되는 짜장면이 2000원 남짓하던 시대다. 같은 시기 김밥 가격은 (지금으로서는 놀랍게도) 짜장면에 맞먹는 2000원대. 그런데 그 반값으로 김밥 한 줄을 사 먹을 수 있다니, 당연히 주머니 가벼운 손님들이 몰렸다. 요컨대 김밥천국이라는 상호명은 천국에서나 먹음직한 환상적인 맛이 아니라 '한 줄에 단돈 1000원인 김밥'을 떠올리도록 고안된 것이었다. 김밥천天국이 아닌 김밥천千국이었던 셈이다. 밥값 걱정 없이 먹을 수 있다는 점에서라면 진짜 천국이 맞았다고 봐도 무방하겠지만.

어쨌든 이런 이름 때문인지 식탁 물가가 치솟는 와중에도 (짜장면 가격은 그야말로 수직 상승했다) 김밥천국의 기본 김밥 가격은 거의 오르지 않았다. 1000원에서 1200원으로, 1200원에서 1500원으로, 1500원에서 1800원으로 200~300원씩 오르며 1000원대를 힘겹게 유지했다. 하지만 이것도 예전 일이다. 1000원대 김밥은 김밥천국에서조차 자취를 감췄다. 가게에 따라 야채김밥, 원조김밥, 아니면 아무런 수식어 없이 '김밥'이라고 부르는 기본 김밥은 이제 2000원이 넘는다.

어쨌든 주안동 김밥천국은 문을 열자마자 대박을 터뜨렸다. 덕분에 이듬해인 1996년엔 인천 동암역에 2호점이 들어선다. 1997년 외환위기가 터지자 1000원으로 한 끼를 해결할 수 있는 김밥천국의 인기는 더욱 높아졌다. 이에 박리다매로 1000원짜리 김밥을 파는 유사 업소가 속속 생겨났다. 아예 가게 이름까지 똑같은 경우가 허다했다. 그럴 수밖에 없는 게, 특허청은 '김밥천국'이라는 이름의 상표권을 인정하지 않았다. '김밥'과 '천국'이 각각 보통명사여서 식별성이 없다는 이유였다(같은 이유로 1994년 놀부가 상표권을 신청했을 때도 기각됐다). 요컨대, 누구든 '김밥천국'이라는 간판을 달고 장사할 수 있었다. 수많은 김밥천국이 전국 상권을 뒤덮게 된 건 바로 이 때문이다. 그 결과 김밥천국은 가격 경쟁에만 혈안일 뿐 품질이나 맛, 서비스에 들이는 정성도 없고 일관성도 없는, 그야말로 싸구려 식당으로 전락했다.

한 가지 설명을 덧붙이자면 간판 디자인 자체는 상표권 등록이 가능했다. 김밥천국 하면 떠오르는 주황색 바탕에 휴먼매직체 글씨로 이루어진 간판은 2003년 상표권을 인정받았다. 그런데 여기서 또 복잡

한 권리 문제가 발생한다. 이 간판 디자인 상표권을 등록한 이는 주안동 김밥천국 창업자인 유인철 씨가 아니었던 것. 이에 유 씨는 이 간판 디자인 상표권의 무효심판을 여러 차례 청구했지만 결국 기각된다. 유 씨는 뒤늦게 별도의 브랜드명과 간판 디자인(정다믄 김밥천국 즉석김밥 since 1995)을 내세워야 했다. 2001년에야 시작된 이 김밥천국 프랜차이즈 사업은 한때 가맹점이 600여 곳에 이를 만큼 몸집이 커졌지만, 전국에 난립한 김밥천국들의 저급한 음식 맛과 서비스 때문에 브랜드 이미지는 추락을 거듭했다. 사업이 위축되자 유 씨는 결국 2013년 자신의 지분을 전부 처분하고 김밥천국에서 손을 뗀다. 이러한 상표권 이슈는 이후로도 끊임없이 논란을 일으켰다. 중국 업체가 현지에서 김밥천국 상표권을 선점하는 바람에 정작 한국 김밥천국이 중국에 진출할 때 사용하지 못하기도 했다.

이러한 김밥천국의 조잡한 이미지는 2014년 뉴스에 오르내릴 만큼 화제를 모은 '어벤져스의 김밥천국 회식' 사진에서도 잘 드러난다. 사진 속에서 아이언맨, 토르, 캡틴 아메리카, 블랙위도우, 호크아이, 헐크는 지친 모습으로 추레한 김밥천국 안에 둘러앉아 무언가를 열심히 먹고 있다. 실제로 찍힌 사진은 아니다. 당시 〈어벤져스〉 두 번째 시리즈가 한국 로케이션 촬영 계획을 발표하자 누군가 '〈어벤져스〉 2편의 한국 촬영 신 스틸컷'이라며 우스꽝스럽게 만든 패러디물이다. 〈어벤져스〉 1편 에필로그에서 히어로들이 뉴욕의 허름한 식당 '샤와르마 팰리스'에 모여 식사하는 장면과 김밥천국 사진을 합성한 것이다. 본 사람이라면 알겠지만, 이 패러디물이 웃음을 유발하는 지점은 김밥천국 특유의 조잡하고 촌스러운 분위기다(한쪽 벽에는 심지어 태극기까지 걸려 있다). 원래 이미지가 정말로 김밥천국을 찍은 것인지는 알 수 없지만, '물은 셀프'라는 안내문이며 익숙한 물컵 소독기, 음식 이름이 빼곡하게 적힌 커다란 메뉴판 같은 것들은 여지없이 김밥천국을 연상케 한다. 비단 회식만이 아니라 이들이 주황색 김밥천국 간판 앞에서 결연한 얼굴로 전투를 벌이는 모습을 담은 합성 사진도 함께 유행했는데, 김밥천국에 대한 대중의 인식이 얼마나 냉소적인지 잘 알 수 있다.

　이쯤에서 드는 객쩍은 의문. 만약 〈어벤져스〉에 김밥천국 회식 장면이 정말 나왔다면, 물은 누가 챙겼을까? 로마에 가면 로마법을 따라야 하듯, 김밥천국에서는 김밥천국 법을 따라야 한다. 제아무리 대단한 히어로들이라도 '물은 셀프'인 김밥천국의 철칙은 피할 수 없었을 터. 아이언맨은 손 하나 까딱하지 않았을 것 같고, 헐크는 누가 뭐라 하지 않아도 물을 떠 왔을 것 같다. 연공서열 따지는 한국식이었다면 나이로 보나 출신으로 보나(토르는 무려 신이니까) 막내인 블랙위도우가 도맡았을까? 하지만 할리우드 영화 캐릭터들이니 역시 다들 남이야 물을 마시든 말든 자기 마실 물만 떠 왔을지도 모를 노릇이다.

충무김밥

혹시 살면서 딱 한 번 먹고 더는 먹지 않는 음식이 있는지? 너무 싫어서 다시는 입도 대기 싫었거나 아니면 너무 비싸서 다시는 못 먹어볼 음식이거나, 아무튼 어떤 음식을 단 한 번의 체험으로 끝내는 일은 생각보다 드물다. 내게는 그런 음식이 세 가지 있다. 개고기, 메뚜기 튀김, 그리고 충무김밥.

개고기는 복날 회식 때 보신탕집에 끌려가 억지로 먹었다. 회사 자체가 고압적인 분위기였던 데다 상사가 괴팍하기까지 해서, 신입사원이었던 내게는 다른 선택지가 없었다. "너 혹시 보신탕(이든 홍어든 육식이든) 못 먹냐?"는 물음에 "네, 못 먹어요"라고 대답하기라도 하면 분위기 망치는 사람 취급을 당하던 시절이기도 했다. "괜찮습니다"라고 씩씩하게 대답한 뒤 따라가서 아무렇지 않은 척 보신탕 국물을 들이켰지만 먹는 내내 고역이었다. 사실 맛은 육개장 같았는데, 심리적 거부감이 컸다. 오랫동안 반려견과 함께 살아온 내게 개는 가족이라는 인식이 강해서였다. 다행히 그 이후로 다시는 먹을 일이 없었다.

메뚜기 튀김을 먹은 날도 비슷하다. 횟집에서 회식이 있었고, 상사가 "맛있으니 먹어보라"며 그릇에 올려주는데 무시하기가 어려웠다. 기름에 튀기면 신발도 맛있다는 우스갯소리처럼, 바삭하게 튀겨 짭짤하게 양념한 메뚜기는 술안주로 제법 괜찮았다. 하지만 곤충을 먹는다는 것 자체가 충격적이었는지 그 이후로 생각난 적도, 일부러 찾아 먹은 적도 없다.

그렇다면 충무김밥은? 개고기나 메뚜기 튀김에 비해 꽤 무난한 음식이 아닌가.

충무김밥을 처음이자 마지막으로 먹은 건 대학생이었던 20여 년 전이다. 명동에서 친구를 만나 가볍게 먹자며 들어간 곳이 충무김밥 전문점이었다. 충무김밥이 뭔지 알고 들어간 건 아니었다. 종로김밥처럼 김밥집 이름인 줄만 알았다. 어쨌든 가게에 들어가 앉았는데 벽에 걸린 메뉴판을 보곤 깜짝 놀랐다. 정확히 얼마였는지는 기억나지 않지만, 일반 김밥집에 비해 가격이 배는 비쌌던 것이다. 테이블에 이미 물잔까지 놓인 참이라 다시 나가기도 애매했다. 결국 2인분을 주문했는데, 김밥이 나온 뒤에는 다시 놀랐다. 이게…… 김밥인가? 내가 아는 김밥의 비주얼과는 전혀 다른, 손가락만 한 꼬마김밥 몇 줄이 다였다. 물론 그릇 위에는 벌건 양념에 무친 어묵과 오징어, 그리고 섞박지가 나란히 놓여 있었지만 충무김밥이 뭔지도 몰랐으니 그건 그저 밑반찬인 줄 알았다. 음식이 나왔으니 일단 젓가락을 들긴 들었는데 심지어 이 꼬마김밥 속엔 아무것도 없었다. 김에 싼 밥, 그게 끝이었다. 게다가 놀랄 일은 더 남아 있었다.

"저희 김밥 시킨 것 하나가 아직 안 나왔는데요?"

우리는 2인분을 주문했는데 아무리 봐도 두 명이 먹을 수 있는 양이 아니었다.

"그게 2인분이에요."

"이게 2인분이라고요?"

내 반문이 불쾌했는지 살짝 짜증 섞인 대꾸가 돌

아왔다.

"충무김밥은 원래 그래요. 젊은 학생들이라 뭘 모르나 보네."

가볍게 먹으려고 김밥집에 들어간 것이니 푸짐한 음식을 바란 것도 아니었지만, 양이 적어도 너무 적었다. 일반 김밥에 비해 배는 비싼 가격 때문에 더더욱 적게 느껴졌다. 일반 김밥을 네다섯 줄은 먹을 수 있는 금액인데 양까지 적다니, 아무리 땅값 비싼 명동이라지만 바가지를 쓴 기분이었다. 하지만 음식이 나온 마당에 후회해봤자 늦은 일이니 김밥과 섞박지, 오징어, 어묵을 한꺼번에 입에 넣고 씹는데 또 한 번 놀랐다. 그렇게나 비싼 김밥의 맛이 너무 평범해서였다. (물론 맛이 있고 없고는 주관적인 것이기도 하고, 가게마다 음식의 양과 질이 다를 테니 충무김밥 애호가 여러분에게는 양해를 바란다) 맛이 어떻든 간에 양이 적어 김밥은 순식간에 사라졌다. 그렇게 빠르게 먹어치우고 나니 오히려 없던 허기가 생겨나는 듯했다. 친구와 나는 잠시 고민에 빠졌다. 둘 다 배를 채우기는커녕 요기도 되지 않았는데 뭘 더 먹어야 할지를 놓고 말이다. 당연히 충무김밥은 아니었다. 우리는 결국 맥도날드로 가 햄버거를, 단품도 아니고 세트로 주문해 배를 채웠다.

이런 일을 겪은 게 우리만은 아니었던 모양이다. 포털사이트에 충무김밥을 검색해보면 가격에 대한 이야기가 하나씩은 나온다. 심지어 뉴스에 보도된 적도 있다. 다른 김밥과 다르게 충무김밥은 왜 이렇게 비싼 걸까?

2017년 SBS에서 이를 취재한 적이 있는데, 한 충무김밥 가게 사장이 가격 논란에 대해 이렇게 말한다. 충무김밥은 일반 김밥과 달리 작은 김밥을 일일이 말아야 해서 손이 많이 가며, '충무김밥'이라는 음식의 전통 같은 특수성을 고려해야 한다고. 이런 설명을 들어도 여전히 의문이 남는다. 일반 김밥이 더 손이 가지 않나? 충무김밥과 비슷한, 작은 꼬마김밥을 싸는 과정을 떠올려봐도 그렇다. 2017년엔 어땠는지 몰라도 오징어 값이 금값이 된 지금은 원재료 값 때문에라도 가격을 높게 책정할 수밖에 없다는 설명이 더 설득력 있는 것 같다.

어쨌든 이 충무김밥이 어디서 유래했는가에 대해서는 몇 가지 설이 전해진다. 그중 어부의 아내 이야기가 꽤 로맨틱하다. 일제강점기 막바지(혹은 독립 전후)

경제적으로 무척이나 어려웠던 시절, 충무에 살던 한 아낙네는 고기잡이를 하러 나가는 남편에게 매일 도시락을 싸줬다. 밥을 제대로 챙겨 먹기 힘든 어선에서 빈속에 술이나 들이켜며 고된 일을 해야 하는 남편이 행여 속 버리지 않을까 걱정됐던 것이다. 아내가 싸준 도시락은 매콤한 해산물 무침을 속재료로 넣어 만든 김밥이었다. 하지만 덥고 습한 남쪽 바닷가 날씨에 김밥이 쉬어 먹지 못하고 버리는 일이 수두룩했다. 수분기 있는 속재료가 밥과 맞닿아 있으면 부패 속도가 빨랐던 탓이다. 고민하던 아내는 김밥에 아무런 간도 하지 않고 속재료를 반찬처럼 따로 담아 넣었다. 이건 좀처럼 쉬지 않아 어부가 잘 먹을 수 있었다. 이를 본 다른 어부들이 너도나도 따라 하면서 충무김밥이 탄생했다는 설이다. 다른 설들 역시 김밥이 쉬지 않게 속재료를 분리했다는 점에서는 동일하다. 유래는 이러한데, 충무김밥이 처음부터 '충무김밥'이라는 이름으로 불리지는 않았던 것 같다. 형태도 지금과는 조금 달랐던 듯하다. 이를테면 1973년 11월 15일《조선일보》기사에는 '뱃머리 김밥'이라는 이름으로 등장한다.

여객선을 타고 충무항을 드나드는 선객들이면 모르는 사람이 없다. 그만큼 이 김밥은 선객들에게 인기다. 김밥이라야 쌀밥을 김에 말아 손가락만큼씩 토막토막 자른 것이지만 이 뱃머리 김밥이 유명해진 것은 김밥보다 꼬치에 뀐 반찬 때문이다. 대竹를 가늘게 쪼개 다듬은 10cm 정도의 꼬치에 고춧가루를 듬뿍 묻힌 무김치, 오징어 새끼, 문어 새끼, 홍합 등 다섯 가지를 끼웠다. 이는 다른 곳에선 찾아볼 수 없는 것. 술안주로 겸용되기도 한다. 여객선으로 여행하면서 간식용으로 김밥을 먹으며 이 반찬으로 안주를 삼으면 한려수도가 더 아름답다. 김밥 8개에 반찬꼬치 8개를 합쳐 1백원. 빈부귀천이 없이 배에선 누구나 즐긴다.

충무(행정구역 개편을 통해 통영시에 편입됐다) 일대의 한려수도는 이미 일제강점기부터 유명한 관광지로, 금강산, 불국사, 부여 등과 함께 '조선 8경'으로 꼽혔다. 특히 한려수도가 1968년 해상공원 최초로 국립공원에 지정되자 충무항에서 유람선을 타고 바다 반, 섬 반의 절경을 구경하는 관광객들이 크게 늘었다. 이 과정에서 자연스럽게 뱃머리 김밥은 충무항에서 꼭 먹어야 하는 별미로 자리 잡았다.

　구성은 지금보다 풍성하다. "무김치, 오징어 새끼, 문어 새끼, 홍합 등" 해산물이 더 다양하게 들어갔음을 알 수 있다(오징어 새끼와 문어 새끼는 각각 꼴뚜기와 주꾸미를 가리키는 듯하다). 유람선 안에서 간편하게 먹을 수 있도록 전부 꼬치에 끼워서 판매했으니, 그릇에 담아 내주는 오늘날의 충무김밥과 모양새 면에서도 차이가 있다. 10cm짜리 꼬치에서 손으로 쥘 부분을 빼면 이런저런 반찬이 기껏해야 두어 개쯤 끼워졌을 테고, 김밥 8개에 이런 꼬치 8개가 1인분이었으니 양이 넉넉지 않았던 건 당시에도 마찬가지였던 셈이다. 배를 타는 동안 시장기나 면하기 위해 먹는 간식이어서 한 끼 식사만큼의 양은 필요 없었던 게 아닌가 싶다. 양이 적은 편이 손에 들고 먹기도 편했을 것이다. 그러니까, 명동 충무김밥집 아주머니의 "원래 그렇다"는 설명이 맞았던 것이다. 양이 넉넉하지는 않아도 관광지 물가를 고려하면 100원이라는 가격이 아주 비싼 편은 아니었다. 당시 부잣집 아이들의 간식이었던 해태제과 사브레의 소매가가 100원이었고, 물가 비싼 서울에서 비빔밥이나 설렁탕 한 그릇은 대략 200원대였다.

한려수도 유람선 승객들의 간식이었던 충무김밥이 전국적으로 유명해진 계기는 1981년 5월 전두환 신군부가 연 관제 행사이자 민속국학 축제 '국풍81'이다. 여의도에서 5일간 열린 이 축제에는 전국 대학생들이 참여하는 민속제, 가요제, 씨름판 같은 여러 전통문화 행사와 더불어 지역 특산물 및 향토음식을 선보이는 팔도명산물시장, 팔도미락정 등 시민들도 어울릴 수 있는 자리가 마련됐다. 표면적인 취지는 젊은이들이 우리 것을 찾고 계승하도록 도모한다는 것이었지만, 5·18 민주화운동 1주기로부터 관심을 돌리는 게 목적이라는 의심을 샀다. 이 때문인지 대학생들의 참여는 저조했으나 전주 비빔밥, 춘천 막국수 등 지역 향토음식들은 국풍81에 속속 모습을 드러냈다. 충무김밥도 그중 하나였다.

충무김밥의 여러 유래설 중 하나의 주인공이자, 충무에서 '뚱보할매'로 유명했던 어두이 씨*는 주최 측

---

* 1950년대에 충무의 옛 여객선터미널 부근에서 김밥 행상을 하던 어씨가 김밥이 자꾸 쉬자 속재료를 따로 두는 충무김밥을 개발했다고 한다. 이에 어 씨는 '충무김밥 원조'임을 주장했고, 충무김밥 관련 사업을 하고 있는 어 씨의 후손들도 같은 주장을 하고 있다.

으로부터 초청을 받고 서울에 당도한다. 이 행사에서 어 씨의 충무김밥은 개장 3시간 만에 700인분이 전부 팔릴 만큼 큰 관심을 모았다. 충무에서 어 씨가 운영하던 '뚱보할매집'은 일약 전국적인 맛집으로 부상해 각지에서 손님이 몰려들었다. 당시 충무김밥을 '충무할매김밥'이나 '뚱보할매김밥'이라 부르는 경우가 있을 정도였다. 다음에 벌어지는 일은 익숙하다. 충무항 부둣가 인근에 '원조' 간판을 단 충무김밥집들이 즐비하게 들어선다. 서울에도 어두이 씨가 낸 분점을 비롯해 충무김밥집이 여러 곳 생겨난다. 심지어 1980년대 중반에 충무김밥은 미국 LA로 건너가 코리아타운 식당가에까지 자리 잡는다.

그러니까 어부의 아내 유래설 등 충무항 배경의 스토리텔링, 한국의 대표적 관광지 한려수도를 만끽하면서 먹는 선상의 간식 겸 안주, 그리고 국풍81에 힘입어 전국적으로 확산된 유명세, 이 세 가지 요인이 충무김밥의 가성비 논란을 부른 브랜드 가치의 핵심이라고 볼 수 있다. 원래 유람선에서 먹기 편하도록 단출하게 맞춘 양이, 식당에서 그릇에 담아 내주는 음식으로 바뀐 뒤에도 그대로 이어지면서 논란에 더욱 불을 붙였고 말이다. 이런 사연들을 알고 났는데도 내 지갑은 아직 충무김밥에게 선뜻 열릴 준비가 안 돼 있다. 옛날처럼 유람선 뱃머리에서 남해의 시원한 바닷바람을 맞으며 그림 같은 섬들의 절경이라도 곁들여 먹는다면 또 모를까……

어쨌든 충무김밥의 이모저모를 알아보던 중, 어머니의 친구 분이 1975년에 한려수도로 신혼여행을 다녀온 사실을 알게 됐다. 유람선 이름이 '엔젤호'였다는 것까지 또렷이 기억하시는데, 마침 배 타기 전에 충무김밥도 드셨다고 하기에 맛이 어땠는지 여쭤봤다.

"맛? 그냥 그랬어. 거기서 유명하다니까 사 먹은 거지. 그러고 보니 그때 딱 한 번 맛보고 여태껏 먹은 적이 없네."

김밥 옆구리 터졌네

김은 예민한 식재료다. 종잇장처럼 얇다 보니 김밥을 싸던 중에 장력을 이겨내지 못해 중간 부분이 터져버리는 경우가 종종 있다. 당연히 터진 부분에서는 밥과 속재료가 튀어나온다. 이때 잘못 건드렸다가는 한 줄 전체가 망가질 수 있다. 이렇게 터진 김밥은 아무리 잘 추슬러도 그릇에 가지런히 놓기 힘들다. 차라리 곧장 먹어치우는 편이 마음 편하다. 하지만 집이 아니라 식당이라면 난감해진다. 김밥을 터진 채로 내놓을 수도 없고, 터진 부분을 먹은 뒤에 내놓을 수도 없으니 말이다.

어쨌든 이렇게 김이 찢어져 속재료가 드러난 김밥을 가리켜 '옆구리 터졌다'고 한다. 길쭉한 김밥을 인간 몸에 빗대 터진 중간 부분을 옆구리로 칭하는 셈이다. 그런데 희한하게도 정중앙에서 먼 곳, 사람으로 치면 목이나 종아리에 가까운 부분이 터져도 똑같이 옆구리가 터졌다고 한다. 게다가 신체 중간 부위라면 배나 등, 허리도 있는데 굳이 옆구리를 쓰는 것은 왜일까?

'김밥 옆구리'라는 표현이 정확히 언제부터 쓰이기 시작했는지는 알 수 없다. 하지만 이 말이 널리 알려진 건 1990년 KBS 코미디 프로그램 〈쇼 비디오자키〉의 '고슴도치 가족' 코너에서 "김밥 옆구리 터지는 소리 하고 있네"라는 대사가 유행하면서였다. 당시 이 말이 얼마나 대중적이었는가 하면, 그해 발표된 한 학술 논문*에서 '아동이 TV를 통해 습득한 언어' 112개 표현 중 사용 빈도수 4위로 언급될 정도였다(덧붙이자면 '뻥이야'와 함께 공동 4위였으며, 1위는 '잘났어, 정말'이다). 예나 지금이나 유행어를 경시하는 풍조는 여전해서 논문 저자는 "아동의 정서 발달을 크게 그릇되게 하는 위험천만한" 표현이니 사용을 지양할 것을 강조하지만, 유행어

---

* 정관근, 〈텔레비전이 어린이 언어 생활에 미치는 영향〉,《교육한글》 제3호, 한글학회, 1990.

라는 건 원래 쓰지 말라고 하면 더 쓰고 싶어지는 법이다. 심지어 1995년 에로 영화 〈젖소부인 바람났네〉가 붐을 일으킨 뒤 비슷한 제목을 달고서 쏟아져 나온 아류작 중에 〈김밥부인 옆구리 터졌네〉도 있었다.

정점을 찍은 건 혼성 듀오 '더 자두'가 2003년 3집 타이틀 곡으로 발표한 〈김밥〉이다. 이 경쾌한 노래 가사 중에는 '날 안아줘~ 날 안아줘~ 옆구리 터져버린 저 김밥처럼 내 가슴 터질 때까지'라는 구절이 있었다. 〈김밥〉은 폭넓은 연령대로부터 큰 사랑을 받으며 노래방에서 많이 불렸다. 노래의 인기와 함께 '김밥 옆구리 터졌다'는 표현은 한국인의 일상에 완전히 스며들었다.

노리마키
。

얼마 전 나쓰메 소세키의 《한눈팔기》를 읽을 때다. 주인공 겐조가 자신에게 경제적으로 기생하는 이복 누이의 집을 찾아가 식사하는 장면에 '맛도 없는 김말이'라는 표현이 나왔는데, 그게 자꾸 눈에 밟혔다.

　김말이? 우리가 아는 그것, 당면을 김에 싸 바삭하게 튀겨낸 것, 분식집에서 떡볶이 국물에 찍어 먹는 튀김을 말하는 게 맞나? 소설이니까, 그것도 일본 소설이니까, 사람마다 입맛은 다른 거니까, 나쓰메 소세키는 김말이를 싫어했나 보지, 라고 생각하며 책장을 넘겨……버릴 수가 없었다. '맛도 없는'이라니 말도 안 돼. 튀김은 늘 옳은데, 게다가 김말이는 어지간해서는 '맛도' 없기가 쉽지 않은 튀김인데. 혹시 다른 음식을 말하는 거 아닐까? 곰곰이 생각해보니 전에 읽은 다른 번역본에서는 '김말이'라는 단어를 본 기억이 없었다. '맛도 없는 김말이'라는 표현이 있었더라면 분명 똑같이 호기심에 사로잡혀 관련 정보를 샅샅이 뒤져봤을 테니까.

《한눈팔기》는 나쓰메 소세키가 세상을 떠나기 1년 전인 1915년에 발표된 작품이다. 1910년대 일본에 지금 한국에서 먹는 것과 같은 김말이가 있었을까? 더욱이 '맛도 없는 김말이'가 등장하기 전에 이복누이가 겐조에게 권하는 음식은 튀김 종류가 아닌 초밥이다. 일식집에서 초밥 정식 같은 걸 시키면 튀김이 곁들여 나올 때가 자주 있기는 하지만, 김말이가 나온 적이 있던가?

결국 한국어 번역본들을 뒤져보았다. 아니나 다를까, 번역본마다 이 '김말이'를 각기 다르게 옮겨놓았다. '초밥'이나 '김초밥'이라 번역한 책도 있었다. 정작 나쓰메 소세키 자신은 어떤 음식을 말한 것인지 궁금해 이번에는 일본어 원서를 찾아봤다. 답은 바로 '노리마키海苔巻'였다. 노리마키라면 아귀가 딱 들어맞는다.

노리마키는 튀김이 아니라, 앞서 이복 누이가 겐조에게 권한 초밥의 일종이니까.

'노리'는 '김'을, '마키'는 '말다, 감싸다'라는 뜻을 가진 동사 '마쿠巻く'의 명사형이다. 따라서 노리마키를 직역하면 김말이가 되는 게 맞다. 우리가 튀김으로서 김말이에 너무 익숙할 뿐이지, 김말이라는 말 어디에도 튀김을 암시하는 구석은 없다. 국어사전에 오른 '김말이' 뜻풀이 중에도 '김으로 마는 형태의 음식을 통틀어 이르는 말'이 있다. 물론 우리가 아는 김말이, 즉 '야채나 당면을 김에 싸서 튀김옷을 입혀 기름에 튀긴 음식'이 첫 번째에 올라 있지만. 《한눈팔기》에서처럼 '김말이'라고 하면 바로 이 김말이튀김을 떠올리게 마련이니, 아무래도 혼동을 일으키지 않는 적당한 번역어는 '김초밥'일 것이다. 《표준국어대사전》에서는 김초밥을 이렇게 정의한다: 식초에 설탕과 소금을 넣고 끓인 것을 뜨거운 밥에 조금씩 뿌리면서 골고루 섞은 다음 식혀서 김에 말아 싼 음식.

그런데 이 김초밥이 한국 요리책에서는 '일본식 김밥'이라고 간단히 설명되는 경우가 많다. 마찬가지로 일본에서는 '긴파キンパ(김밥의 일본식 명칭)'가 '한국식 노리마키'로 소개되곤 한다. 김밥이나 노리마키나 김에 밥과 속재료를 넣고 말아 싼 뒤 동그란 형태로 잘라낸 모습이 흡사하니, 양국에서 편의상 동의어처럼 쓰이는 것이다. 요컨대 《한눈팔기》에서 겐조가 '맛도 없는 김말이' 즉 노리마키를 억지로 먹는 장면을 머릿속에 그려보려면 김밥을 대신 떠올려도 무방하다. 겐조가 '입에 한가득 넣고頰張って' '우물거렸다もぐもぐさせた'는 묘사 역시 두툼한 김밥을 먹는 모습에 잘 어울린다.

    모양새가 꽤 비슷해서 맛도 비슷할 것 같지만, 많이 다르다. 밑바탕을 결정짓는 밥맛부터 다르기 때문이다. 밥을 참기름으로 양념하는 김밥과 달리, 노리마키는 설탕과 식초로 양념해 새콤달콤한 맛을 낸다. 밥맛만이 아니라 속재료도, 밥과 속재료의 비율도 다르다. 김밥은 기본적으로 햄 같은 가공육이나 양념한 소고기 등으로 맛을 내고 또 밥보다 속재료에 충실해야 (충무김밥이나 마약김밥 같은 몇몇 예외가 있기는 하지만) 맛있는 김밥으로 여겨지곤 한다. 속재료를 꽉꽉 채워 넣어서 밥알에 색깔을 입힌 것처럼 보이는 계란김밥이나 당근김밥에 비하면 노리마키는 담백하다 못해 심심해 보일 정도다. 일곱 가지 재료를 넣는 오사카의 에호마키惠方巻* 정도를 제외하면 속재료도 생선회, 생선살 소보로, 채소조림이나 절임 등으로 단출할뿐더러 이 재료들을 다 넣는 것도 아니다. 이 중 딱 한 가지만 넣어 만든 노리마키도 흔하다. 여기에 속재료보다는 밥을 좀 더 넣는 편인데, 만약 한국 김밥집에서 이 같은 비율로 만든 김밥을 내놓는다면 음식이 부실하다는 욕을 먹게 될지도 모른다.

　　이처럼 속내를 들여다보면 퍽 다른데도 겉모양새가 비슷하기 때문인지 김밥과 노리마키는 한일 양국 사이에 원조 논란이 벌어지고 있는 음식 중 하나다. 일본에서는 일제강점기 노리마키가 한반도에 전해져 현지화된 음식이 김밥이라는 주장을 제기한다. 한편 한국에서는 김밥발을 이용하지 않고 손으로도 직접 말아 만드는 점, 속재료가 노리마키와 다를 뿐만 아니라 훨씬 다양한 점, 초밥이 아닌 맨밥 형태가 일반적인

---

*　　오사카에서 입춘 전날인 세쓰분節分에 먹는 명절 음식이다. 칠복신에게 행운을 바라는 뜻으로 노리마키에 일곱 가지 재료를 넣은 것으로 알려져 있는데, 일곱 가지 재료가 빚어내는 색감이나 모양새가 김밥과 흡사하다.

점 등을 들어 김밥이 한반도 고유 음식임을 주장한다.

김밥이 한반도 고유 음식이라는 주장을 뒷받침하는 데 곧잘 활용되는 문헌이 두 개 있는데, 하나는 19세기 조선의 세시풍속지 《동국세시기東國歲時記》이고 다른 하나는 요리책 《시의전서是議全書》다. 《동국세시기》에는 정월대보름에 김이나 배춧잎, 곰취잎 등에 밥을 싸 먹는 음식인 복과福裹가 언급된다. 한자 표기를 위해 '쌈'이 裹(쌀 과)로 적혔지만, 원래 이름은 복쌈이라고 한다. 여기서 김으로 싼 복쌈이 김쌈이다. 《시의전서》의 기록은 좀 더 구체적이다. 소반 위에 김을 펴놓고 꿩 깃털로 기름을 바른 뒤, 소금을 뿌려 재워두었다가 구워 네모반듯하게 잘라 밥에 싸 먹는 음식이 김쌈이라고 소개된다. 어쨌든 문헌상으로 김에 밥을 싸 먹었다는 사실은 확인할 수 있지만, 이를 지금 우리가 아는 김밥과 연결 짓기에는 다소 거리가 있어 보인다.

이에 관련해서는 《조선말큰사전》에도 참고할 부분이 있다. 조선어학회가 1929년부터 조사한 자료를 바탕으로 한글어학회가 1957년에 발간한 이 사전에는 '김밥'이라는 단어가 아예 등재되지 않았다. 김초밥도 없다. 김국, 김무침, 김부각, 김자반, 김찬국(김 냉국) 등 김으로 만든 각종 음식 이름이 올라 있다는 점을 고려하면 뜻밖이다. 적어도 1957년까지는 김밥이 지금처럼 일상적인 음식 혹은 단어가 아니었던 것이다. 다만 여기서도 김쌈에 대한 설명을 찾아볼 수 있는데,《시의전서》와 비슷하다. '김에 기름과 소금을 묻혀 구워서 반듯반듯 썰어 밥을 뜬 숟가락 위에 덮어서 싼 쌈.' 역시 이 설명을 놓고 봐도 지금처럼 동그랗게 모양을 잡아 말아서 한 입 크기로 썰어낸 김밥을 떠올리기는 어렵다.

그런데 18~19세기 일본 요리책에 서술된 노리마키는 오히려 오늘날의 김밥을 연상케 한다. 노리마키가 문헌에 처음 등장하는 건 1776년 발간된《신센콘다테부루이슈新撰献立部類集》다. 이 요리책에 마키즈시卷き寿司(말이형 초밥) 만드는 법이 실려 있다. '(김밥) 발 위에 아사쿠사浅草 김이나 복어 껍질 또는 종이를 깐다. 그 위에 밥을 고루 펴 바른 뒤 생선살을 올리고, 발을 눌러가며 만다. 종이로 만 경우에는 종이를 떼어낸 뒤 끝에서부터 작은 크기로 자른다.'

그런가 하면 19세기 풍속지《모리사다만코守貞

謾稿》에는 동그랗게 말아 썬 노리마키 삽화와 함께, 김 위에 밥을 잔뜩 올리고 간표(박고지) 조림만 살짝 넣는 조리 방식이 실렸다. 류류코 신사이와 우타가와 히로시게의 우키요에*나 가와바타 교쿠쇼의 채색화** 등 19세기 일본 풍속화 속 노리마키들을 봐도 모양새가 김밥과 흡사하다. 이들 그림에 등장하는 노리마키는 김 끝자락이 안쪽 깊숙한 곳까지 밥과 함께 나선형으로 말려들어가 있다. 얇게 부친 달걀말이로 밥을 싸거나 오징어 몸통에 밥을 채워 만든 마키즈시들도 노리마키처럼 원형을 이룬다. 썰지 않은 채 얇고 길쭉하게 싸놓기만 한 노리마키도 보이는데, 이건 꼬마김밥을 연상케 한다.

지역이나 시대에 따른 차이***는 있지만 옛 요리책이나 그림 속 노리마키들은 대부분 밥 비중이 현저히 높은 편이다. 밥이 많은 만큼 속재료 양은 적다. 아예 쌀밥에 검은깨만 섞은 것도 있다. 앞서 말했듯이, 이것이 한국 김밥과 구별되는 일본 노리마키의 특징이다.

그런데 김밥도 과거에는 크게 다르지 않은 모양새였다. 1939년 6월 18일 《조선일보》에 실린 김밥 레시피를 보면, 밥에 장조림이나 구운 고기를 넣고 김치 한 쪽을 곁들인다. 요컨대 고기와 김치, 이렇게 두 가지만을 속재료로 쓴 것이다. 정확히 어떤 과정을 거쳐 시금치가, 달걀지단이, 단무지가, 우엉이, 당근이 김밥 속에 들어가게 됐는지는 알 수 없지만 이렇듯 색깔도 식감도 제각각인 재료들이 추가되면서 밥 비중은 점차 줄어들었고, 김밥은 화려해졌다. 이런저런 기록과 정황으로 미루어 볼 때 김밥이 김쌈에 기원을 둔 음식일지언정 지금과 같은 형태로 자리 잡기까지는 노리마키의 영향을 어느 정도 받았던 게 아닐까 싶다.

원조가 어디든 간에, 노리마키의 본고장인 일본에서는 한국 김밥인 '긴파'의 인기가 높아지고 있다. 도쿄, 오사카, 나고야, 후쿠오카, 삿포로 등 전국 각지에 김밥 전문점이 속속 들어서는 중이다. 이러한 인기에 힘입어 로봇김밥이 2021년 3월 나고야 1호점을 내며 일본에 진출하기도 했다. 김밥 레시피나 맛집을 소개하는 SNS 게시물도 크게 늘었다. 노리마키에 익숙한 일본인들에게는 불고기나 햄, 소시지, 치즈, 김치 등이 들어간 김밥이 새롭고 매력적인 음식으로 받아들여지고 있는 것이다.

만약 나쓰메 소세키가 김밥을 맛볼 수 있었다면, (작가 자신이 투영된) 겐조가 노리마키를 먹는 장면은 전혀 다르게 묘사됐을지도 모르겠다. 소세키는 못 말리는 식탐에 과자나 잼, 아이스크림 등 단것이라면 사족을 못 쓰는 입맛으로 유명했다. 이런 식성 탓에 결국 당뇨에 위장병까지 걸릴 정도였다. 육식도 즐겼던 그는 당시로서는 구경하기도 힘들 만큼 귀한 음식이었던 햄 역시 좋아했다. 1906년 동료 작가 다카하마 교시에게 쓴 편지를 보면, 목요일에 찾아오라면서 뜬금없이 "햄은 무척 좋아해서 아주 맛있게 먹고 있습니다"라고 적은 대목이 있다.[*] 선물로 햄 좀 사 오라는 부탁을 돌려 말한 건가 싶다.

그렇다면 방금 구운 햄을 넣은 따끈따끈한 김밥

* 高浜虚子, 《漱石氏と私》, アルス, 1918.

역시 무척 좋아하지 않았을까. 만약 겐조 앞에 노리마키가 아닌 햄이나 소시지가 든 김밥이 놓였다면 '맛도 없는 노리마키'를 꾸역꾸역 씹어 삼키는 대신 고소한 김밥을 몇 줄이고 신나게 먹어 치웠을지도 모른다. 그랬다면 겐조가 배금주의적인 인간들에게 느낀 배신감과 적개심과 혐오가 조금은 누그러졌을지도 모른다. 오스카 와일드도 이렇게 쓰지 않았던가. 훌륭한 저녁 식사를 하고 나면 그 누구든 용서할 수 있다고.

교리김밥

°

고등학생 때 수학여행으로 다녀온 경주를 20여 년 만에 다시 찾은 건 2012년 8월, 아내의 서른 번째 생일이었다. 태어나서 경주에 가본 적이 한 번도 없다는 아내를 위해 2박 3일로 여행을 떠난 것이다. 도착하기 전까지만 해도 사실 나는 큰 기대가 없었다. 수학여행의 기억이 워낙 암울해서였다.

지금이야 서울에서 경주까지 KTX로 2시간이면 가지만, 그 시절엔 작은 역까지 모조리 정차하는 완행 열차인 통일호를 타고 갔다. 도중에 갈아타기까지 해서 경주까지 반나절이 넘게 걸렸는데, 비좁은 좌석 한 줄에 세 명씩 앉아야 했다. 때문에 몸집이 커다란 아이들은 어깨를 반은 접은 채 끼어 앉아야 했다. 불편한 건 둘째 문제였다. 초여름에, 그것도 사춘기 아이들 수십 명이 열차를 가득 메우고 있으니 열기도 체취도 어마어마했다. 구식 열차인 통일호엔 에어컨이 없었다. 천장에 매달려 360도 회전하는 선풍기가 끝이었는데, 그것만으로는 도저히 숨 막히는 열기를 떨쳐낼 수 없었다. 숙소인 유스호스텔은 더 끔찍했다. 더럽고 낙후한 시설에, 고작 서너 평 남짓한 방에서 열댓 명이 자야 했다. 거기에 몰래 숨겨온 술을 마시다 걸린 몇몇 때문에 늦은 밤까지 단체 기합을 받았으니, 말이 수학여행이지 실은 극기 체험에 가까웠다. 그런 가운데서 불국사니 석굴암이니 옛 유적을 보는 일이 특별한 감상을 줄 리 만무했다.

그런데 아내와 다시 찾은 경주는 전혀 다른 세계였다. 무엇보다 거목과 수풀 사이로 기와와 초가가 멋들어지게 내려앉은 양동마을에 반했다. 불국사도 매력적이었다. 예전엔 미처 몰랐는데, 1500년 역사를 품은 이 신라의 고찰은 신비하고 웅장하면서도 아기자기한 구석이 참 많았다. 유적지뿐 아니라 가는 곳 어디든 기와지붕이 고즈넉하게 자리한 풍경은 감탄을 절로 자아냈다. 아내는 왜 이런 좋은 곳에 여태 안 와봤는지 모르겠다며 여행 내내 미소 가득한 얼굴로 만족스러워했고, 아내를 위한 것이었던 여행은 내게도 경주를 재발견하는 계기가 되었다.

다만 아쉬웠던 건 음식이다. 운이 없었던 건지 아니면 광고에 속은 건지, 맛집이라고 해서 찾아간 곳들이 하나같이 가격만 비쌀 뿐 맛은 없었다(여행 중 가장 맛있었던 게 호텔 룸서비스로 주문한 피자와 파스타였을 정도다). 간식거리인 황남빵을 제외하면 경주에서만 먹을 수 있는 특색 있는 향토음식도 찾기 어려웠다. 그런 와중에 교리김밥을 만난 건 여행 마지막 날, 경주를 떠나기 직전이었다. 아침 일찍부터 호텔을 나서 최부자 고택과 교촌 한옥마을을 둘러보고 나니 출출하긴 한데, 그렇다고 시간을 들여 식사하기에는 교통 체증이 걱정됐다. 고민하던 찰나, 아내가 얼마 전 경주를 다녀간 친구에게서 교촌마을에 있는 김밥집을 추천받았다며 먹어보자고 했다. 김밥이라면 포장해 차 안에서도 먹을 수 있으니 마침 잘됐다 싶었다.

가게는 찾기 쉬웠다. 최부자 고택에서 멀지 않은 골목길에 자리해 있었다. 처음에 외관을 보곤 조금 당황했는데, 식당보다는 시골 구멍가게처럼 보여서였다. 작은 간판조차 걸려 있지 않았다. 경주답게, 그리고 교촌마을답게 신식 기와를 올려 단장한 미색 콘크리트 건물의 차양 아래에 색 바랜 장판이 깔린 평상 두 개가 정겹게 놓여 있을 뿐이었다.

　　나중에 알고 보니 1960년대에 처음 장사를 시작할 때만 해도 동네 구멍가게였다고 한다(그래서인지 우리가 갔을 때 신기하게도 김밥집에서 담배를 팔고 있었다). 과자나 음료수 등을 팔다 김밥을 만들어 함께 팔기 시작한 건 1970년대 이후다. 이게 근처에 있던 요정 요석궁의 접대부들에게 인기를 끈다. 이들은 김밥을 사러 외출하기 어려웠던 탓에 가게 주인이 김밥을 요석궁 담벼락 너머로 넘겨주며 장사했다고 한다. 이렇게 접대부들 사이에서 입소문을 탄 김밥은, 언제부터 '교리김밥'이라 불리게 됐는지는 알 수 없어도, 곧 교촌마을의 별미가 된다. 1980년대까지 유흥업소였던 요석궁이 고급 한정식집으로 바뀌고, 술시중 들던 아가씨들이 사라진 후에도 교리김밥은 그 자리에 남아 장사를 계속했다. 최부자 고택을 찾는 관광객들이 새로운 손님이 됐다.

평소엔 김밥집 앞에 긴 줄이 늘어설 만큼 유명하다는데, 아내와 내가 워낙 이른 아침에 찾아가서인지 손님은 우리뿐이었다. 하지만 포장 예약은 벌써 꽉 차 있었던 모양이다. 안에서 나이 지긋한 주인아주머니와 다른 직원 한 명이 열심히 김밥을 싸고 있었다. 특이하게도 교리김밥에서는 김밥을 한 줄만 살 수 없었다. 기본이 두 줄. 우리는 아예 넉넉하게 세 줄을 샀다. 차 안에서 포장을 뜯어보니, 겉보기에는 집에서 싼 김밥처럼 울퉁불퉁 투박했다. 하나를 집어 단면을 살펴본 뒤에야 유명한 이유를 알 수 있었다. 노란 달걀지단이 엄청나게 많이, 빼곡하게 들어간 것이다. 지단의 모양도 일반 김밥의 그것과는 사뭇 달랐는데, 단무지처럼 통으로 들어간 게 아니라 아주 얇고 가늘게 손질해 다발로 넣었다. 전체적으로 달걀의 비중이 어마어마해서 햄이나 단무지, 오이 같은 다른 재료는 일반 김밥만큼 들어 있는데도 매우 적어 보였다.

맛은 어땠냐면, 생김새 그대로였다. 김밥 하나를 집어 먹자마자 진한 달걀 향이, 이어 채 썬 지단의 포실한 식감이 입안을 가득 메웠다. 부드럽고 고소했다. 하지만 아내와 나는 한 번 먹어본 데서 만족하기로 했다. 우리에게는 달걀 맛이 조금 과하게 느껴져서였다. 하지만 달걀을 좋아하는 사람이라면, 아니, 꼭 달걀을 좋아하는 사람이 아니더라도 한 번쯤은 먹어보고 싶게 생기긴 했다. 김밥 끝에 툭 튀어나온 통통한 지단만 봐도 괜히 군침이 돌게 마련인데 지단이 밥알보다도 많이 들어 있으니 말이다. 달걀이 듬뿍 든 만큼이나 단백질이 풍부할 테니, 술시중을 들면서 필연적으로 술 몇 잔쯤 들이켜야 했을 요석궁 접대부들로서는 끼니를 해결하고 쓰린 속을 달래는 데 이만한 음식도 없었을 것이다.

어쨌든 이 교리김밥은 우리가 찾아갔던 10년 전에도 이미 유명한 곳이었는데, 그 뒤로 한참 더 유명해졌다. 2012년 11월 SBS 〈생활의 달인〉에 가게 주인이 '김밥의 달인'으로 출연한 데 이어 이런저런 음식 관련 TV 프로그램에서 '전국 3대 김밥'으로 소개된 것이다. 누가 무슨 기준으로 정했는지는 알 수 없어도 이 3대 김밥에는 교리김밥, 충무김밥, 마약김밥이 꼽혔다(마약김밥은 뒤에서 다룰 것이다). 그런데 왜 하필이면 지단을 이렇게 많이 넣었을까? 지단을 부치는 데만도 손이 많이 갈 텐데 말이다. 이유는 의외로 심심했다. '사람들이 달걀을 좋아해서.' 내심 뭔가 재밌는 이야깃거리가 있지 않을까 싶었는데 아니었다.

설명을 덧붙이자면 우리가 찾아간 교리김밥 가게는 계림 근처에 있었다. 계림은 신라 왕가인 경주 김씨의 시조 김알지가 태어난 곳이다. 《삼국사기》에 따르면, 65년 신라의 탈해이사금(석탈해 왕)은 수도인 금성金城 서쪽 숲에서 닭이 우는 소리를 듣고 신하 호공을 파견해 살펴보게 했다. 숲에 들어간 호공은 황금 상자가 걸린 나무 아래에서 흰 닭이 울고 있는 것을 발견한다. 호공의 이야기를 전해 들은 탈해이사금이 숲으로 가 상자를 열어보니 한 사내아이가 있었다. 그는 이 아이에게 황금 상자에서 거뒀다는 의미를 담아 김金씨 성을 하사하고 양자로 삼았다. 또한 흰 닭이 김알지의 태생을 왕에게 알렸다 하여, 닭 계鷄를 넣어 이 숲을 계림이라고 부르게 했다. 그러니까 이 이야기와 하필이면 계림 근처에서 파는 달걀지단 김밥 사이에 절묘하게 맞아떨어지는 지점이 있어 무언가 이야깃거리가 있지 않을까 싶었던 거다. '계림의 역사를 머금은 달걀지단 김밥' 같은 식으로 말이다. 어쨌든 이제는 꼭 교리김밥이 아니더라도 달걀지단이 빽빽하게 들어간 김밥이 서울 여기저기서 보이는 걸 보면 사람들이 정말 달걀을 좋아하긴 하는구나 싶다.

한편 교리김밥을 비롯한 3대 김밥이 성공을 거둔 이후 유명한 '지역 김밥'들이 미디어에 속속 등장하기 시작한다. 나물 김밥(서울), 유부 김밥(서울), 진미채 김밥(부산), 우엉 김밥(인천), 명태 김밥(속초), 박고지 김밥(창원), 당근 김밥(전주), 꽁치 김밥(제주) 등 독특한 속재료나 지역 특산물을 쓴 개성 있는 김밥들이 대표적이다. 이 김밥집들은 방송 효과에 힘입어 프랜차이즈처럼 규모를 확장한 곳이 적지 않다. 교리김밥만 해도 2020년 경주 탑동에 궁궐 같은 2층짜리 새 건물을 올려 이전했다고 한다. 경주 시내 곳곳에 분점도 냈다. 검색하다 보니 김밥 가격도 전에 비해 많이 오른 모양이다. 다른 김밥집들 역시 대체로 비슷한 길을 택했다. 본점을 키우고, 지점을 늘리고, 가격을 올리면서 고급화를 꾀했다.

가게 주인이야 이런 변화가 반가울 것이다. 장사는 돈 벌려고 하는 거니까. 그런데 손님 입장에서는 좋은 건지 잘 모르겠다. 개고생하며 수학여행으로 둘러봤던 경주를 아내와 다시 찾았을 때 재발견하게 된 것처럼, 달라진 교리김밥에서도 달걀지단 김밥의 매력을 재발견할 수 있을까? 글쎄, 어쩐지 아쉽기만 하다. 촌스러운 시골 구멍가게 같아서 친근했던 교촌마을 골목길의 옛 점포에 찾아가도 더 이상 교리김밥을 만날 수 없다는 사실이.

김밥 로봇

본격적인 여름 휴가철에 접어들던 1981년 7월 27일, 경부고속도로 망향휴게소에 한국 최초의 김밥 로봇이 등장했다. 사실 로봇이라고 부르기에는 좀 민망한 수준이었다. 아주 단순한 공정, 즉 김 위에 밥을 깔고 동그랗게 모양을 잡아주는 역할 정도만 했기 때문이다. 우동과 도넛을 조리하는 로봇도 함께 등장했는데, 마찬가지로 기능은 제한적이어서 로봇 대신 '자동 음식 제조기'로 불렸다.

이런 김밥 로봇, 아니 로봇이라기보다는 기계에 가까운 김밥 제조기는 1970년대 일본에서 개발됐다. 당시 경제성장이 한창이었던 일본에서는 외식 수요가 폭증했다. 저렴하면서도 어디서나 먹기 편한 노리마키가 특히 인기 높았다. 속재료를 듬뿍 넣는 김밥에 비하면 약과이기는 하겠지만 노리마키 역시 손이 많이 가는 음식이어서 식당들은 어떻게 하면 더 빨리 많은 양을 효율적으로 만들 수 있을지 고민했다. 기계의 힘을 빌려보자는 아이디어는 거기서 나왔다. 몇 년 뒤 한국 망향휴게소에 들어온 김밥 로봇은 바로 이 일본산 노리마키 기계였다.

이후 진화를 거듭하며 다양한 기능이 추가된 김밥 로봇은, 1990년대 초반 무렵이면 한국에서도 생산되기 시작한다. 김밥 장사가 유행한 시기다. 1995년에는 김밥 로봇 시장이 100억 원대로 커졌고, 한국산 비중이 60%까지 늘었다. 일본산 노리마키 기계보다 성능이 훨씬 좋다는 평가를 받을 정도로 기술 수준도 개선됐다.

그럼에도 김밥은 조리 과정이 복잡해서 로봇에게만 맡길 수 없는 음식이다. 여전히 사람 손을 많이 탄다. 속재료가 한두 개에 불과한 노리마키와 달리, 김밥은 다양한 재료가 들어가는 것도 한 이유다. 로봇이 나온 지 반세기 가까운 세월이 흘렀는데도 김밥집에서는 여전히 '김밥 싸는 이모님 구합니다'라는 구인 공고를 내붙이고 있다. 하지만 몇 년 뒤엔 이런 공고를 볼 수 없게 될지도 모른다. 일본 기업들이 합작해 노리마키 로봇의 완전 무인화 시스템을 개발했기 때문이다. 이 로봇은 김에 밥을 까는 것에서부터 속재료를 올리고, 말고, 써는 것뿐만 아니라 포장까지도 알아서 척척 해낸다. 2021년 공개된 시연 영상을 보면, 사람처럼 머리와 양손이 달린 로봇이 집게발처럼 생긴 손을 움직여 기존의 노리마키 기계를 활용해 김밥을 만든다. 완성된 김밥을 집어 올려 포장기에 넣기도 하며, 포장이 끝난 김밥을 판매대로 옮기기도 한다.

사실 이런 로봇이 기술적으로는 얼마든지 가능해도 결국 대중화되지 않은 것은 아직까지는 사람을 고용하는 것이 더 싸기 때문이겠지만, 언젠가는 김밥집 한편에서 앞치마 두르고 비닐장갑 낀 채 김밥을 마는 직원 대신 창백한 금속제 로봇을 보게 될 것이다. 키오스크가 카운터 직원을 줄이거나 사라지게 했듯이 말이다. 사람 손맛이 아닌 로봇 손맛이라니, 방금 싸놓은 따끈한 김밥에서도 어쩐지 냉혈한 싸늘함이 느껴질 것만 같다. 영상을 보면서 처음엔 신기하다는 생각뿐이었는데, 볼수록 섬뜩해졌다.

마약김밥。

앞서 '전국 3대 김밥' 이야기를 잠깐 했는데, 여기에는 충무김밥(통영)과 교리김밥(경주), 그리고 서울 광장시장의 마약김밥이 꼽힌다. 다시 말하지만 누가 무슨 기준으로 정한 것인지도 알 수 없고, TV나 온라인에서 소개될 때마다 3대 김밥으로 꼽히는 것이 조금씩 달라 신빙성은 떨어진다. 어쨌든 3대 김밥에 꼽힐 만큼 유명한 김밥들이라는 건 분명하다. 충무김밥과 교리김밥이야 이미 오래전에 먹어봤지만, 이 글을 쓰기 전까지 마약김밥은 들어보기만 하고 먹어본 적은 없었다. 김밥으로 책을 쓰는데 (기준이 의문이라 해도) 역시 3대 김밥쯤은 섭렵해야 하지 않을까 싶기도 했고, '마약이라는 자극적인 수식어가 붙은 맛이 무척 궁금하기도 해서 광장시장으로 향했다.

　　광장시장은 맛있는 먹거리가 많기로 유명한 곳이다. 음식 장사를 하는 가게는 주로 광장시장 동문과 북2문에서 가까운 광장전골목에 몰려 있는데, 여기서 마약김밥집을 여러 곳 만날 수 있다. 코로나19 사태 이전까지 이 골목은 외국인 관광객들 사이에서 빈대떡, 육회, 부꾸미, 꽈배기, 떡볶이, 비빔밥, 칼국수, 족발 등 온갖 시장 음식을 먹어볼 수 있는 명소였다. 부꾸미 정도가 아니면 어딜 가도 먹을 수 있는 평범한 메뉴들이지만 시끌시끌한 시장 분위기 속에서 먹는 재미가 있다. 반짝이는 만국기 아래 줄줄이 이어져 있는 노점에는 비빔밥 재료들이며 파는 음식들이 산더미처럼 쌓여 있고, 맷돌이 끊임없이 돌아가면서 녹두를 갈아낸다. 연신 기름을 붓고 빈대떡을 부치는 집이 있는가 하면 커다란 솥에 무언가를 펄펄 끓이는 집이 있다.

　　하지만 내 목적지는 이 생기 넘치는 광장전골목이 아니다. 광장시장 안에는 '원조 마약김밥' 간판을 걸어놓은 가게들이 심심찮게 눈에 띄는데, '진짜' 원조, 즉 원조 마약김밥집으로 알려진 곳의 본점은 시장 서

편의 의류 도매상가 입구 근처 후미진 곳에 자리하고 있다. 마약김밥이라는 이름으로 팔리는 김밥이 이제는 전국 각지에 수두룩해진 마당에 기왕 광장시장까지 찾아왔으니 원조를 먹어봐야 하지 않겠나. 자꾸 시선을 채가는 빈대떡과 순대를 애써 무시하며 발걸음을 재촉했다.

대강 알고 가긴 했지만, 광장전골목을 벗어나 비좁은 골목(창경궁로 12길)에 들어서니 '이런 데서 정말 음식을 팔까' 하는 의심부터 든다. 의류나 옷감, 침구 등을 파는 가게들만 쭉 늘어서 있기 때문이다. 그마저도 셔터가 내려진 곳이 대부분이라 골목 안은 어둑하고 썰렁하기까지 했다. 가뜩이나 옹색한 골목길 한가운데에는 상점에서 내놓은 간이진열대들까지 놓여 있어 다니기도 불편했다. 그렇게 옷가게와 포목점들을 지나치다 보니 거짓말처럼 원조 마약김밥집이 툭 튀어나왔다. 주방과 홀을 갖춘 번듯한 가게가 아니라 그 좁디좁은 골목 중간에 볼품없는 스테인리스 탁자와 간이 조리대, 플라스틱 의자 몇 개가 겨우 놓인 자그마한 노점이다. 주변 가게들은 문을 닫아 한산한 가운데 이 노점만 전등불을 밝힌 채 주인아주머니 혼자 김밥을 진열대에 놓느라 분주한 모습이었다. 이른 아침이기는 해도 걸어서 3분 거리인 광장전골목이 북적이던 것과 달리 너무 적적했다. 하지만 바로 그래서 식탐이 흥분하기 시작했다. 걸이용 간판에 적혀 있는 '45년 전통'이라는 문구도, 허름한 분위기도 한 가지 사실을 가리키고 있었다. 관광지도 아닌 곳에서 오랫동안 한자리를 지킨 호졸근한 가게들은 높은 확률로 맛집이라는 것.

노점이지만 버젓이 이름이 있다. '모녀 김밥'이다. 줄여서 모녀 김밥이라고 부르는 것이지, 온라인에 등록된 상호명은 '모녀꼬마마약김밥'이다. 그런데 홍보용 간판이나 가게 명함에는 커다란 글씨로 쓰인 '모녀'와 '김밥' 사이에 '꼬마약'이 작게 붙어 있어 '모녀 꼬마약 김밥'으로 읽힌다. '꼬마'와 '마약'이 나란히 놓이면서 중복되는 글자를 빼버린 모양이다. 어쨌든 이 이름이 말해주듯이 광장시장의 마약김밥은 어릴 적 동네 김밥집에서 흔히 보던 꼬마김밥 형태다. '원조 마약김밥'이라는 문구 아래로 일본어 표기는 물론 대단히 직설적인 영어 표기(Drug Gimbap)까지 있는 걸 보면 한참 구석진 이곳까지도 외국인 관광객들이 줄기차게 찾아온 모양이다.

　자리를 잡고 앉으니 주인아주머니가 뭘 먹을 건지 묻는다. 고민할 것 없이 마약김밥 한 줄을 주문했다. 선불이라고 써 붙여져 있지만 손님이 없어서인지 계산도 하지 않았는데 음식부터 준비해준다. 가격표 팻말에 붙어 있는 건 세 가지뿐이다. 마약김밥, 유부초밥, 오뎅. 나중에 추가한 건지 손으로 써 붙인 라면과 사발면 메뉴도 있다. 탁자 한편에 그동안 방영됐던 TV 방송을 캡처한 사진들이 있어 구경하고 있는데 어느새 마약김밥이 내 앞에 놓였다. 설거지를 생략할 수 있게 비닐 씌운 그릇에 마약김밥과 찍어 먹는 소스가 담겨 있다. 김밥을 이리저리 살피는데, 주인아주머니가 뜨끈한 어묵 국물을 종이컵에 떠 담아 건넸다. 안 그래도 아침 빈속에 김밥을 먹기가 부담스러웠던 참이라 더없이 반가웠다.

　엄청난 이름과 달리 실물로 접한 마약김밥의 첫인상은 순박함 그 자체였다. 멋 부리지 않고 손으로 꾹꾹 눌러 싼 모양새도 그렇고, 한 입 크기로 툭툭 썰어 그릇 위에 담아놓은 것도 그렇다. 김밥 옆자리를 차지한 단무지도 대강 손에 집힌 만큼 놓은 듯하다. 어느 것 하나 가지런함이라고는 찾아볼 수 없다. 그건 김밥 역시 마찬가지였다. 언뜻 보기에는 작고 단순한 김밥인데, 단면을 들여다보면 어딘가 무질서하다. 속재료라고 들어간 건 당근 채와 단무지가 끝. 게다가 단무지는 아주 가늘게 썰려 있다. 속재료 상황이 이러니 밥이 차지하는 비중이 꽤 커 보인다. 특별한 양념을 한 것 같지도 않다. 좋게 말하면 소탈하고 나쁘게 말하면 촌스러운 김밥에 마약 같은 중독성이 있다니, 보기만 해서는 도무지 믿기지가 않는다.

이쑤시개로 김밥 하나를 찍어 입에 넣었다. 그런데, 응? 이게 무슨? 혀에 닿자마자 눈이 휘둥그레지도록 놀라운 맛이…… 나지 않았다. 그냥 어렸을 적 먹어본, 향수를 불러일으키는 꼬마김밥 맛이었다. 어쩌다 이런 순진무구한 꼬마김밥에 마약김밥이라는 별명이 따라붙은 거야? 뭔가 잘못됐다는 생각이 들었다.

그런데 이상하다. 하나를 먹고 나니 금세 또 하나가 먹고 싶어지고, 그걸 씹어 삼키고 나니 혓바닥이 또 하나가 들어오길 고대하고 있는 게 아닌가. 마치 한 모금이 또 한 모금, 또 한 모금을 부르다가 결국 사발을 번쩍 들어 들이켜게 만드는 평양냉면 같았다. 김 겉면을 촉촉하게 적신 참기름의 고소한 맛에, 단무지의 적당히 새콤한 맛, 당근 채가 선사하는 오독오독 씹히는 식감, 쌀밥이 자아내는 은근한 달큼함, 간장과 겨자를 섞어 만든 소스의 짭조름하면서도 살짝 맵싸한 맛까지, 이 모든 게 한데 어우러져 오묘한 화음을 만들어낸다. 하긴 예전에도 꼬마김밥은 그 맛에 먹긴 했다. 짜거나 맵거나 쓰거나 달거나 시거나, 어느 맛 하나가 미각을 자극하면 오히려 쉽게 질릴 텐데, 저마다의 맛과 식감이 튀지 않고 은은하게 제 역할을 해낸다. 대체 이 맛의 정체성이 뭘까 궁금해서 자꾸 입에 넣게 되는 것이다. 어쩐지 허전하다 싶을 때는 곁들여져 나온 단무지를 와작와작 씹어 먹으면 상쾌해진다. 이 단무지도 보통이 아니다. 보통 김밥용 단무지보다 질긴 듯하면서도 아작거리는 씹는 맛이 살아 있다. 게다가 개운한 어묵 국물은 또 어떻고. 국물 한 모금 들이켜 찰진 김밥을 목구멍 너머로 싹 내려보내니 다시금 김밥에 손이 간다. 마약김밥이라는 이름이 붙여질 만하다.

한데 마약김밥이라는 이름은 좀 독특하다. 당연히 마약을 넣어 만든 김밥은 아니니 참치김밥이나 소고기김밥처럼 속재료에서 따온 이름도 아니고, 그렇다고 해서 충무김밥이나 교리김밥처럼 지명에서 따온 이름도 아니다. 어쩌다 이런 이름이 붙여진 걸까? 주인 아주머니에게 물었다.

"우리가 지은 게 아니에요. 어떤 손님이 한번 먹으면 계속 먹고 싶어진다면서 그렇게 부르다가 입소문이 퍼진 거지. 옛날엔 그냥 손가락김밥이니 꼬마김밥이니 그랬죠."

'45년 전통'이라 적힌 홍보용 간판은 몇 년 전에 만든 것이라 그렇고, 장사한 지는 50년쯤 됐다고도 했다. 그러니까 이 꼬마김밥이 광장시장에 등장한 건 1970년대 초반이었던 셈이다. 주인아주머니의 어머니인 이상훈 씨가 당시 집에서 만든 꼬마김밥을 커다란 소쿠리에 담아 와 동대문시장 상인들을 상대로 행상을 한 게 시작이었다. 김밥 판 돈을 모아 지금의 노점 자리를 사면서 광장시장에 뿌리를 내렸다. 원래는 따로 상호도 없었지만, 방송에 소개된 뒤 찾아오는 손님이 부쩍 늘자 2008년 걸이용 간판을 마련할 때 '모녀김밥'이라는 이름을 붙였다. 지금 사장인 유양숙 씨가 어머니의 김밥 장사를 물려받으면서 이런 이름이 된 것이다. 입에서 입으로만 알음알음 알려지던 광장시장

꼬마김밥의 '마약김밥'이라는 별명은 2003년 블로그 열풍을 타고 인터넷에서 삽시간에 유명해졌다. 이후 범상치 않은 이름 때문인지 미디어의 주목을 받아 전국 3대 김밥에 꼽히는 등 유명세를 떨쳤고, 가게에서도 꼬마김밥이 아닌 마약김밥으로 부르게 됐다.

장사가 대박이 나자 10년 전쯤 광장전골목의 목 좋은 자리에 분점도 냈다. 노점인 본점과 달리 2호점은 건물 1층에 입점해 커다란 간판까지 내건 어엿한 음식점이다. 실내에 테이블 자리도 마련되어 있다. 실은 본점을 찾아가는 동안 2호점을 지나치기는 했는데, 진짜 원조 자리에서 먹기 위해 구경만 했다. 독특하게도 2호점은 본점과 메뉴 구성이 다르다. 육회, 육회 탕탕이, 육회 비빔밥, 낙지 탕탕이, 빈대떡, 잔치국수, 순대, 떡볶이, 냉면 등 광장시장의 어지간한 인기 먹거리는 다 팔고 있다. 김밥도 본점에서처럼 접시에 담아주는 게 아니라 일회용 용기에 포장된 것을 내준다(지금은 본점에서도 포장된 것을 내준다고 한다). 장소만 다를 뿐 같은 가게인데 왜 이렇게 차이가 나는지 궁금했다.

"관광객들은 다 거기로 가니까요. 여긴 이제 광장시장에서 장사하는 분들이나 물건 떼러 오는 상인 분들이 들르는 곳이에요."

　　본점과 2호점을 찾는 손님 층이 다르니 운영 방식에도 차이를 둔 것이다. 주인아주머니의 설명처럼, 포목점들 사이에 자리한 노점까지 찾아오는 건 주로 같은 광장시장 상인이나 물건을 도매로 구입하러 온 소매상들이었다. 그러고 보니 내가 먹는 동안 옆에 앉아 김밥을 주문하거나 포장해 간, 대부분 중장년이었던 손님들의 손에는 커다란 검은 비닐봉투가 한두 개씩 들려 있었다. 애초에 마약김밥이 전국적으로 유명해질 수 있었던 것도 바로 그 소매상 손님들 덕분이었다. 그들 사이에서 돌던 입소문이 블로그로, 미디어로 흘러들어가면서 외국인 관광객들까지 찾는 명소가 된 것이다.

　　어쨌거나 2호점은 긴 줄이 늘어설 정도였으니, 노점인 1호점은 굳이 운영하지 않아도 장사에 큰 타격을 받지 않았을 것이다. 하지만 오랜 단골들이 포목점 골목을 돌아다니다 편히 들를 수 있도록 원래 자리에서 노점 운영을 고집하고 있다. 찾는 이들이 다르니 영업시간도 다르다. 2호점은 오전 9시 30분에 문을 여는 반면, 이 1호점은 새벽 6시 30분에 장사를 시작한다.

커다란 시장인 만큼 그 이른 시간에도 문을 여는 가게들이 있다.

"예전에는 밤에만 장사했어요. 그때 광장시장에 야시장이 섰는데, 우리 김밥 사 먹던 손님들은 주로 소매상이라 밤에만 물건 사러 왔으니까."

1905년 한국 최초의 상설시장으로 문을 연 광장시장은 역사 깊은 유통 중심지다. 조선시대에는 '배오개 장시場市'라 불렸던 이곳에 한국전쟁 이후 수입 구제 의류점을 시작으로 한복집과 포목점이 대거 들어온다. 골목은 각지에서 도매로 옷과 천을 구입하러 온 소매상들로 북적였다. 야시장이 활성화된 건 이들 상인이 하루 장사를 마친 뒤 밤늦은 시간에야 광장시장이나 동대문시장을 찾아서였다. 1982년 야간통행금지 조치가 해제되자 광장시장은 아예 새벽에 개장해서 동틀 때까지 영업했다. 서울이 곤히 잠든 시간, 광장시장에는 불이 환하게 밝혀져 대낮 같았다. 새벽 4시 전후였던 개장 시간은 새벽 2시, 자정, 나중에는 밤 11시까지 앞당겨졌다. 상인들은 밤새 새벽이슬을 맞으며 더 싸고 질 좋은 물건을 찾아 비좁은 시장 골목 구석구석을 누볐다. 발품을 많이 팔아야 하는 데다 흥정하려면 말도 많이 해야 하니 허기질 수밖에. 그럴 때 생각나는 것이 바로 노점에서 파는 꼬마김밥이었다. 물론 빈대떡도 칼국수도 좋지만, 바쁜 와중에 얼른 배를 채우는 데에는 꼬마김밥만 한 게 없었다. 먹기 편하게 한 입 크기로 썰려 나온 김밥을 겨자 푼 간장에 살짝 찍어 뜨끈한 어묵 국물과 함께 넘기면 속이 든든해 다시 힘을 낼 수 있었다.

다른 재래시장들이 그랬듯 광장시장도 세월의 흐름에 따라 큰 변화를 겪었다. 대형마트가 들어서고, 온라인으로 쇼핑을 하는 비중이 늘어날수록 시장의 옷가게나 포목점 매출은 점점 더 위축됐다. 밤마다 전국 각지의 상인들을 실어 나르던 심야 전세버스 행렬은 멈춰 선 지 오래다. 불야성에 북새통을 이루던 과거 야시장 풍경은 온데간데없다. 아직 옛 거래 방식이 익숙한 소매상들이 원단이나 의류, 침구 등을 사러 찾아오면서 명맥은 유지되고 있지만, 밤 11시까지 앞당겨졌던 개장 시간은 꾸준히 늦춰져서 아침으로 바뀌었다. 상인들 시계에 맞춰 한때 밤샘 장사를 했던 모녀 김밥도 상인들의 발길이 차츰 끊기면서 이젠 새벽 6시 30분에야 문을 열게 된 것이다. 코로나19를 계기로 온라인 쇼핑 수요가 폭증하고 있는 가운데, 이런 재래시장 상인들이 설 자리는 더욱 좁아지지 않을까 싶다. 하지만 그렇다고 해서 광장시장을 밝힌 전등불에 금세 어둠이 찾아들 것 같지는 않다. 그 시절 상인들의 배를 채워주었던 먹거리가 주목받으면서 관광객 손님이 늘었다. 이런 수요에 맞춰 원래 옷이나 천을 팔던 많은 가게들이 식당으로 바뀌기도 했다. 광장시장을 대표하는 것이 달라지고 또 문을 여닫는 시간이 달라질지언정, 그 독특한 역사가 빚어낸 식문화는 이어지고 있는 것이다.

삼각김밥.

용돈을 모아 난생처음 산 음반이 1991년 발매된 〈주현미 골든 특집〉이다. 회식 자리에서 마이크가 돌아오면 어김없이 불렀던 게 설운도의 〈여자 여자 여자〉. 김밥이랑은 좀 먼 얘기지만, 나는 트로트를 정말로 좋아했다. 나이를 먹고 보니 뽕짝이 좋아지더라, 하는 게 아니라 어릴 때부터 '뽕끼'를 좋아했다. 요 몇 년 사이 트로트가 인기를 끄는 것을 보니 어떤 면에서는 시대를 앞서간 취향이라고도 할 수 있겠다. 살다 보니 트로트 오디션 프로그램이 나오고 아이돌 못지않은 젊은 트로트 가수가 등장하는 날도 온다. 그중에서도 내가 좋아한 건 바로 이찬원이었는데, 그가 첫 디지털 싱글로 내놓은 〈편의점〉에는 이런 가사가 흘러나온다.

밤새 환한 불빛 꺼지지 않는, 날 반기는 저 간판. 술이나
한잔하고 자야지. 오늘도 고생 많았다. 삼각김밥, 라면 하
나, 사는 게 다 그런 거지.

듣자마자 첫 직장이었던 신문사에서 월급 90만
원짜리 사회부 수습기자로 일했던 기억이 떠올랐다.
5개월 동안 관할 구역 경찰서나 병원, 소방서 등을 쉴
새 없이 돌아다니면서 온갖 사건 사고를 취재해야 했
다. 퇴근은커녕 경찰서 기자실에서 하루 2시간씩 쪽잠
을 자며 좀비처럼 퀭한 눈으로 살았다. 잠들기 전 당직
기자에게 마지막 보고를 하는 시간이 새벽 3시쯤이었
는데, 죽을 만큼 피곤한데도…… 어김없이 배는 고팠다.
하지만 유흥가도 아닌 경찰서 부근에 그 늦은 시간까
지 문을 연 식당은 한 군데도 없었다. 그나마 '밤새 환
한 불빛 꺼지지 않는' 편의점이 배를 채울 수 있는 유일
한 곳이었다. 졸음이 미친 듯이 몰려오는 통에 '술이나
한잔'은 엄두도 못 냈지만. 컵라면이 익기를 기다리는
것마저 괴로워서 삼각김밥 하나에 바나나 우유로 허

기를 후딱 채울 정도였으니까. 그러고 나서야 '오늘도 고생 많았다. 사는 게 다 그런 거지'라며 스스로를 다독이고 긴 하루를 마감할 수 있었다.

삼각김밥이라는 음식이 주는 정서가 그렇다. 시간이든 돈이든 여유가 없어서 빠르게 해치우는 싸구려 음식. 전자레인지에 30초 데워 간이 테이블 앞에 서서 먹다 보면 자연스레 서글픈 감상이 어리게 마련이다. 공간이 여의치 않은 편의점에서 먹어서 그런지 아니면 한입에 털어 넣을 수 있어서 그런지, 쌀이 들어갔으니 밥 같은 식감은 있는데 영 밥을 먹는다는 느낌은 안 든다. 이런 감상과는 별개로 먹기 편한 음식이기는 하다. 컵라면이나 도시락을 먹을 때처럼 젓가락 같은 도구가 필요하지 않을뿐더러, 포장지만 잘 뜯는다면 (처음에는 쉽지 않았지만) 김밥보다도 훨씬 간편하게 먹을 수 있다. 입으로 베어 물기만 하면 되니까. 그래서인지 편의점 하면 떠오르는 음식이 바로 삼각김밥이다. 반대로 삼각김밥 하면 떠오르는 장소가 편의점이기도 하고 말이다.

삼각김밥이 처음부터 편의점 대표 음식이었던 건 아니다. 편의점 진열대에 삼각김밥이 놓이기 시작한 건 일본계 편의점 체인인 훼미리마트*가 1990년 한국에 1호점을 낸 이후부터. 당시만 해도 '서구형 슈퍼마켓'으로 여겨졌던 편의점은 지금처럼 만만한 곳이 아니었다. 24시간 불을 밝히는 환한 조명에 세련된 인테리어, 깔끔하게 진열된 물건, 모든 품목에 붙어 있는 가격표 등 기존 슈퍼마켓보다 쾌적한 고급 상점이었다. 지금도 작은 슈퍼마켓에 가면 가격표가 붙어 있지 않은 경우가 많듯이, 동네 슈퍼마켓에서는 어떤 게 얼마인지 정확히 알기가 어려웠다(1990년대 초까지만 해도 과자류 포장지에는 권장 소비자 가격이 표시되어 있었지만, 이것이 꼭 판매 가격이라고 보기는 어려웠다). 반면 편의점에서는 동네 슈퍼마켓보다 몇백 원, 하다못해 50원이라도 더 비싼 값을 매겨 팔았지만, 적어도 가격을 알고 물건을 고를 수 있었다.

GS25와 CU가 시장을 양분하다시피 한 지금과 달리 당시는 (CU의 전신인) 훼미리마트를 비롯해 로손, 세븐일레븐, 미니스톱 등 외국계 편의점 브랜드가

---

* 훼미리마트는 2014년 한국에서 철수했다. 기존 매장을 비롯해 한국 내 사업은 2012년부터 BGF리테일이 CU로 운영 중이다.

많았다. 부담스런 로열티에 초창기 편의점이 갖고 있던 고급 상점 이미지 때문인지 삼각김밥 가격은 개당 900~1000원 정도로, 당시 물가를 고려하면 비싼 편이었다. 비슷한 시기에 김밥천국 같은 김밥 전문점들은 한 줄에 1000원짜리 김밥을 팔고 있었다. 가뜩이나 양도 적은 게 속재료도 한두 가지 찔끔 들어간 삼각김밥은 어느 모로 보나 김밥에 비해 가성비가 현저히 떨어지는 음식이었다(초창기 삼각김밥은 지금처럼 속재료 비중이 높지도 않았다). 신기해서 한 번쯤 먹어보는 별미 정도랄까. 찾는 이가 거의 없으니 냉장 진열대에 겨우 한두 개 놓여 있곤 했다.

이렇게 찬밥 신세였던 삼각김밥의 운명은 2001년을 기점으로 확 달라진다. 롯데 산하 일본계 편의점인 세븐일레븐이 삼각김밥을 편의점 대표 상품으로 띄우기 시작한 것이다. 대기업의 막강한 자본력을 바탕으로 품질 개선, 가격 인하, 광고 전개가 동시에 추진됐다. 이 과정을 진두지휘한 이는 1998년 한국 세븐일레븐 사장으로 부임한 혼다 도시노리. 그는 이미 일본 세븐일레븐에서 20년간 경력을 쌓은 편의점 업계의 베테랑이었다. 한국에 부임한 첫날, 그는 숙소인 서울 소공동 롯데

호텔 근처의 세븐일레븐에서 삼각김밥을 사 먹었다가 너무나도 형편없는 맛에 충격을 받았다고 한다. 이것이 삼각김밥의 맛과 질을 높이는 계기가 됐다.[*]

한국 세븐일레븐은 삼각김밥을 비롯한 편의점 음식의 질을 높이기 위해 우선 경기 용인에 100억 원을 들여 패스트푸드 공장을 지었다. 2001년 2월 이 공장에서 생산이 본격화되자 같은 해 3월 삼각김밥 가격을 900원에서 700원으로 20% 넘게 낮추고 편의점 업계에서는 처음으로 대대적인 TV 광고를 펼쳤다. 김용건과 최상학을 기용한 이 TV 광고는 '먹는 것도 패션이다'라는 카피로 삼각김밥(아직 '삼각김밥'이라는 용어가 생소했는지 광고에는 '삼각주먹김밥'으로 표기됐다)에 신세대의 새로운 먹거리라는 이미지를 덧씌우려 했다. TV 광고가 방영된 지 한 달여 만에 삼각김밥 매출은 2배로 뛰었고, 채 반년도 지나지 않아 컵라면을 제치고 편의점 음식 매출 1위에 올랐다. 이런 높은 관심 속에 다른 편의점들의 삼각김밥도 덩달아 잘 팔리기 시작했다.

[*] 本多利範,《おにぎりの本多さん: とっても美味しい〈市場創造〉物語》, プレジデント社, 2016.

여기에 2002년 한일월드컵이 열리자 삼각김밥은 거리 응원전에서 최고의 먹거리로 부상했다. 거리에 쏟아져 나온 인파를 감당하지 못해 식당에는 빈자리가 없고, 배달음식점들은 주문이 두세 시간씩 밀려 있기 일쑤였다. 거리 곳곳에 서 있는 편의점 음식이 눈에 띈 건 자연스러운 수순이었나. 대규모 응원전이 열린 광화문의 한 편의점에서는 삼각김밥이 평소보다 30배는 많이 팔려나갈 정도였다. 이후 삼각김밥은 편의점 하면 떠오르는 음식으로 자리매김하게 된다.

읽으면서 대강 알아차렸다시피, 삼각김밥은 일본계 편의점들이 한국에 들여와 대중화한 일본 음식이다. 일본에서는 '오니기리おにぎり'라고 부른다. '쥐다', '잡다' 등을 뜻하는 '니기루握る'에서 비롯된 말이다. 쌀밥을 손으로 쥐고 꼭꼭 누르기 때문에 이런 이름을 붙인 모양인데, 실제로 오니기리 만드는 동작을 표현할 때도 '니기루'를 사용한다. 어쨌든 한국으로 치면 주먹밥이다. 초창기에 삼각김밥 대신 '주먹김밥'이나 '삼각주먹김밥' 같은 말이 쓰인 것도 그래서다.

주먹밥이 그러하듯이 오니기리가 원래부터 편의점 음식이었던 건 아니다. 아주 오래전부터 먹었고, 내

전이 빈번했던 헤이안 시대에 병사들의 전투 식량으로 제공되면서 널리 퍼졌다. 전시라 갖고 다니다 틈틈이 먹어야 하니 상하는 것을 방지하기 위해 소금을 잔뜩 넣은 짠 밥에, 속재료 역시 다시마 간장조림이나 우메보시(일본식 매실 장아찌) 같은 짠 음식을 썼다. 쌀밥이 운반 과정에서 흐트러지거나 먹을 때 손에 묻지 않도록 겉에 김을 한 장 둘렀다. 이 김 한 장이 포장지 겸 식기 역할을 했던 것이다. 요컨대 편의점 음식이 되기 훨씬 전부터 오니기리는 휴대하기도 편하고 먹기도 편하게 고안된 간편식이었다. 한국에 들어온 건 '삼각김밥'이지만 오니기리는 삼각형만이 아니라 사각형도, 원형도 있다. 지역별로 다양한데, 그중에서도 삼각형 오니기리는 에도 시대에 수도 에도(도쿄)에서 유행했던 스타일이다. 도쿄가 일본 식문화의 중심을 차지하면서 삼각형 오니기리도 가장 대표적인 모양으로 자리 잡게 된 것이다.

그래서인지 일본인이 오니기리에 대해 갖는 정서와, 편의점에서 삼각김밥을 접한 한국인이 느끼는 정서는 퍽 다른 듯하다. 2021년에 일본 각지의 특산 오니기리와 맛집 등을 소개하는 NHK 예능프로그램이 방영된 바 있는데, 특산 오니기리가 있다는 사실도 놀랍지만 무엇보다도 제목이 '마음 따끈따끈 오니기리'다. 여기서 '오니기리'를 '삼각김밥'으로 바꿔보면 한국인에게는 어색하기 짝이 없는 문장이 되어버린다. 거기다 이 프로그램에서는 병으로 세상을 떠난 어머니가 생전에 도시락으로 싸주었던 오니기리의 추억 같은 감동적인 사연까지 다뤄졌다.

이렇듯 오니기리에 덧칠된 따스한 정서는 영화 〈카모메 식당〉에서도 발견할 수 있다. 핀란드 사람들에게 낯선 음식인 오니기리를 식당의 메인 메뉴로 올린 이유를 묻는 질문에 주인공 사치에는 이렇게 대답한다. "오니기리는 일본인의 소울 푸드잖아요." 이어 그녀는 어렸을 적 어머니가 세상을 떠난 뒤 자신이 집안일을 도맡았지만 1년에 딱 두 번, 운동회 날이랑 소풍날이면 아버지가 오니기리를 손수 만들어주던 기억을 이야기한다. 오니기리는 남이 해준 게 세상에서 가장 맛있다고 한 아버지의 말을 곁들이면서. 이처럼 오니기리는 원래 일본 가정에서 해 먹던 소박한 음식이다. 어머니를 일찍 여읜 사치에와 달리, 주로 어머니들이 조물조물 주물러 만들어주던 대표적인 집밥 메뉴였다. 한국에서 김밥이 그렇듯, 운동회나 소풍 같은 행사가 있는 날이면 도시락 통에 담기는 단골 메뉴이기도 했다.

이 소울 푸드가 일본 편의점에서 팔리기 시작한 건 1970년대다. 1971년 일본 최초의 편의점인 코코스토아가 개점한 이후 편의점 붐이 일 무렵, 오니기리는 샌드위치와 함께 일찌감치 진열대에 놓인 음식이었다. 반응은 시원찮았다. 오니기리 겉면을 감싼 김이 쌀밥 때문에 눅눅해졌기 때문이다. 집에서 갓 만든 오니기리와 달리 김의 파삭한 식감을 느끼기는커녕 비릿한 냄새가 나는 데다 위생 문제까지 제기되자 진열대에 놓이기도 힘들어졌다.

하지만 1978년, 일본 세븐일레븐이 필름 포장 방식을 개발하면서 편의점 삼각김밥은 전환점을 맞는다. 그렇다, 우리가 아는 바로 그 교묘한 포장 방식 말이다. 포장지를 벗길 때에야 김이 밥에 달라붙을 수 있도록, 그래서 김의 식감과 풍미를 살릴 수 있도록 고안된 이 '데마키 오니기리手巻おにぎり'를 계기로 삼각김밥 매출은 수직 상승한다. 그러면서 우메보시나 연어구이 같은 전통적인 속재료가 아닌 새로운 맛의 오니기리가 속속 개발된다.

　참치마요가 탄생한 것도 바로 이 시기다. 1983년 세븐일레븐이 신제품으로 내놓은 참치마요 오니기리가 날개 돋친 듯 팔려나가면서 삼각김밥은 일본 편의점의 대표 음식으로 부상한다.[*] 처음 나왔을 때부터 폭발적인 인기를 끌었던 이 참치마요는 30년이 지난 지금까지도 인기가 식지 않아 편의점 오니기리 선호 순위에서 늘 1, 2위를 차지한다. 한국 세븐일레븐에 부임한 혼다 도시노리가 참치마요 삼각김밥을 개선하는 데 특히 공을 들였던 건, 일본에서 이처럼 엄청난 성공을 거둔 전력이 있기 때문이다.

　'일본인의 소울 푸드'답게 일본에서는 오니기리를 곁들여 파는 식당은 물론 오니기리를 전문으로 하는 가게도 흔히 찾아볼 수 있다. 놀랍게도 40~50년 된 오니기리 노포도 있다. 예전에 다른 책 취재차 홋카이도 삿포로를 방문했을 때 현지에서 유명하다는 한 오니기리 전문점에 간 적이 있다. 일부러 찾아간 건 아니

---

[*]　吉岡秀子,《コンビニおいしい進化史: 売れるトレンドのつくり方》, 平凡社, 2019.

었다. 빠듯한 일정 탓에 새벽 6시부터 사진을 촬영하며 돌아다니느라 배가 너무 고팠는데, 그 시간에 문을 연 곳이 거기뿐이었다. 지친 몸으로 편의점에서 대충 때우기도 싫었고 무엇보다 편히 앉아서 식사하고 싶었다. 들어가서 보니 편의점처럼 24시간 운영되는 식당이었다. 그도 그럴 것이 술집과 러브호텔 천지인 스스키노 유흥가 한가운데에 자리하고 있었다. 지역색에 걸맞게 낮밤 영업을 가리지 않는 것이다. 그럼에도 내가 식당 문을 열고 들어갔을 때는 아직 이른 아침이어서 그런지, 아니면 심야의 피크 타임을 지나서인지 한산했다. 밤새 북적였을 유흥가도 아침 햇살 아래 고요히 웅크리고 있었다. 오니기리 먹으러 가는 길에 마주친 별별 요상한 업소들의 불 꺼진 간판을 구경하는 재미가 제법 쏠쏠했다. 아무튼 그렇게 찾아간 오니기리 전문점에서 먹은 것은 버터간장새우 오니기리와 구운 명란젓(야키타라코) 오니기리다. 편의점 오니기리에 비하면 배도 넘게 비쌌지만 주문하자마자 만들어 따끈하게 나오는 것도, 큼지막한 크기도 맘에 들었다. 일본인이 아니어서인지 소울 푸드라고까지 할 정도는 아니었지만.

소풍

'소풍날 먹고 싶은 도시락 메뉴는?'

2019년 2만 6000여 명이 응답한 이 온라인 설문 조사에서 1위를 차지한 건 단연 김밥이다. 그것도 2위 유부초밥(18%), 3위 주먹밥(8.3%)을 훌쩍 뛰어넘어 무려 62.5%를 기록했다. 꼭 소풍이 아니더라도 나들이를 가거나 등산을 하는 날이면 어김없이 먼저 떠오르는 음식이 김밥이다. 유원지나 등산로 입구에서 늘 김밥을 파는 행상을 볼 수 있기도 하고 말이다. 내가 학창시절을 보낸 80~90년대에도 소풍 하면 김밥, 김밥 하면 소풍인 게 당연했다. 50~60년대에 학교를 다닌 엄마에게 물어보니 당시에도 소풍날이면 삶은 달걀과 사이다에 김밥을 꼭 싸 갔다고 한다. 세월이 흘러 김밥은 이제 어디서나 쉽게 사 먹을 수 있는 일상적인 음식이

된 한편, 여전히 소풍날에 먹는 음식으로 통한다. 하나의 풍습으로 자리 잡은 것이다.

그렇다면 언제부터 소풍날에 김밥을 먹기 시작한 걸까?

먼저 학생들이 소풍을 가기 시작한 건 한반도에 근대식 학교가 세워지던 20세기 초반이다. 당시에는 소풍을 '원족'이라 했는데, 멀 원遠에 발 족足을 합친 말 그대로 장거리를 행군하거나 등산하는 등 체력 소모가 심한 행사여서 지금의 소풍과는 달랐다. 오죽하면 1925년 6월 25일 《조선일보》에는 소풍날 몸살 나지 않는 방법을 소개하는 기사까지 실렸다.

원족에 먹을 점심은 너무 달거나 짠 것은 좋지 못하고 깨를 볶아서 주먹밥을 만들거나 김을 부숴 넣고 김밥을 만드는 것도 좋으며 반찬은 조기, 장조림, 장포, 멸치, 무김치 같은 것이 좋고 설탕을 조금 가지고 갔다가 물에 타 먹으면 피곤함을 막는 데 적당한 약이 됩니다.

지금으로부터 100여 년 전에도 소풍날이면 '김밥'을 가져가기는 했는데 그 모양새가 지금과는 전혀 다르다. 밥을 김으로 싸는 것이 아니라 밥에 "김을 부숴 넣고" 만든 것, 어떤 면에서는 주먹밥 같은 모양새였던 것 같다. 밥에 부순 김을 섞어놓은 것이 다이니 조기나 장조림 같은 짭짤한 반찬을 따로 마련해야 했을 것이다.

지금과 비슷한 형태의 김밥을 소풍 음식으로 먹기 시작한 건 일본인들이 먼저였던 듯하다. 부산 등 영남권에 거주하는 재한일본인들이 주로 읽었던 지역 신문 《조선시보》*는 1924년 5월 14일, 〈원족 도시락〉이라는 글에서 김초밥 만드는 법을 소개한다.

먼저 김 위에 식초, 설탕으로 양념한 밥을 고루 펴서 깔아준다. 여기에 야키치쿠와焼きちくわ(어묵의 일종) 볶음, 머위나물, 무, 달걀말이를 올린 다음 직경 3cm 정도 두께로 돌돌 만다. 이렇게 싼 김밥을 8개로 썰어 도시락에 넣는다. 요컨대 원족 도시락, 즉 소풍 도시락으로 어묵 김초밥을 권한 것이다.

일본에서 대표적인 나들이 음식으로 꼽히는 오

---

* 일제강점기 부산에 거주하는 재한일본인들이 발행했던 일간지다. 원래는 일본 구마모토 《규슈일일신보》의 지부로 시작했다고 하며, 한때 한국어 기사도 간혹 실렸지만 거의 일본어로 발행됐다.

니기리와 마찬가지로 김초밥은 포장하는 것도 먹는 것도 간편하다는 장점이 있었다. 아마도 이러한 장점 덕분에 일제강점기 학교를 다닌 이들의 원족 도시락에 김초밥이 들어가게 된 것으로 보인다. 당시 신문 가정란에는 자녀의 원족 도시락에 이동 중 국물이 흐를 만한 음식을 싸주지 말라는 글이 여러 차례 실리기도 했는데, 도시락 통이 지금처럼 밀폐되지 않았을 테니 공공장소에서 국물이 흘러 곤란을 겪은 일이 많았던 듯하다. 그러면서 국물이 흐를 염려가 없는 것은 물론 여러 모로 간편한 김밥이 소풍 음식으로 자리 잡은 게 아닐까. 실제로 1940년 6월에 발간된 월간지 《여성》에는 〈하이킹 벤또 일곱 가지〉라는 기사가 실렸는데, 이 일곱 가지 벤또(도시락)에 '노리마끼 스시, 다꾸앙(단무지), 아까쇼가(붉은 생강절임)'가 비빔밥, 샌드위치 등과 함께 한 자리를 차지했다.

떡
볶
이
。

김밥을 이야기할 때 빼놓을 수 없는 음식이 몇 가지 있다. 라면, 어묵, 떡볶이.

자, 당신은 김밥집에 앉아 있다. 김밥 한 줄만 주문하자니 양이 모자라다. 입이 심심하기도 하고, 국물이 필요한 것 같기도 하다. 일단 김밥을 주문했으니 김치찌개 같은 식사 메뉴를 더 시키기는 애매하다. 그럴 때 생각나는 게 떡볶이다. 매운 떡볶이를 열심히 먹다 김밥 하나를 집어 먹으면 얼얼한 입안이 진정될뿐더러 매운맛에 잠시 마비됐던 미각이 돌아오면서 떡볶이가 다시 맛있어진다. 순서를 반대로 해도 마찬가지다. 김밥을 씹는 동안 퍽퍽해진 입안에 매콤하면서도 단맛이 도는 떡볶이를 한 입 먹으면, 심심하던 김밥 맛에 떡볶이 국물이 끼얹어지면서 새로운 풍미가 솟아난다. 꼭 입안에서 어우러질 필요도 없다. 김밥을 떡볶이 국물에 잔뜩 굴려 먹어도 맛있다. 즉석 떡볶이 전문점이라면 이 떡볶이 국물에 밥을 볶아 먹을 수도 있는데, 이미 참기름으로 양념된 밥에, 잘게 썰린 채소에, 김까지 있는 김밥만큼 볶아 먹기 좋은 것도 없다.

많은 사람들이 그렇겠지만 나에게도 떡볶이는 학창시절 추억을 떠올리게 하는 음식이다. 학교 근처에는 늘 떡볶이를 파는 분식집이나 포장마차가 있었다. 하굣길에, 혹은 야간 자율학습을 몰래 땡땡이 치고 먹는 떡볶이는 왜 그렇게 맛있는 건지. 떡볶이를 집어 삼키고 나서 불이 난 입속에 아이스크림 하나까지 물고 나면 천국이 바로 그곳에 있었다. 아마도 친구들과 떡볶이를 먹으며 웃고 떠들던 기억 때문에 특별한 맛으로 남아 있는 것이겠지만, 어쩌면 집에서는 먹을 수 없는 음식이어서 더 그랬을지도 모른다.

나의 부모님은 두 분 다 소화기가 약한 탓에 매운 음식을 꺼렸다. 특히 아버지는 내가 중학생일 때 대장암 진단을 받아, 돌아가실 때까지 오랜 기간 철저한

식이요법을 고수했다. 때문에 우리 집 식탁에는 염분이 적고 자극적이지 않은 건강식이 올라오곤 했다. 그 영향으로 나 역시 젊었을 땐 매운 음식을 잘 먹지 못했다. 고춧가루나 고추장으로 벌겋게 양념된 음식은 보기만 해도 이마에서 땀이 났고, 먹기라도 하면 두피가 몹시 간질거렸다. 그런데도 집 밖에서 떡볶이는 틈틈이 사 먹었다. 땀을 비 오듯 흘려가면서도, 머리를 벅벅 긁어가면서도.

엄마가 가끔 집에서 떡볶이를 만들어주긴 했다. 빨간색이 아니라 갈색에 가까운, 간장으로 만든 떡볶이였지만. 거기에 채소를 많이 먹어야 한다면서 피망이며 양파를 듬뿍 넣어 떡볶이인지 채소볶음인지 알 수 없었지만.

"이게 무슨 떡볶이야? 떡볶이는 빨개야지!"

"속 버려! 그렇게 맵고 자극적인 걸 뭐 좋다고 먹어?"

떡볶이 아닌 떡볶이를 놓고 늘 이런 입씨름이 벌어지곤 했는데, 내가 하도 툴툴거리니 엄마가 딱 한 번 고추장 떡볶이를 만들어준 적이 있다. 하지만 보기에도 희멀건 게, 분식집에서 먹던 맛이 전혀 아니었다. 결국 나는 밖에서 친구들과 사 먹기만 하고 엄마에게 두 번 다시 떡볶이 만들어달라는 이야기를 하지 않았다.

그런데 고등학교에 다니던 어느 날, 학교 앞 분식집에서 여느 때처럼 떡볶이를 주문하곤 자리에 앉았다가 조리 과정을 고스란히 보게 됐다. 주인아주머니는 널따란 양철통에 수돗물을 담더니 고추장을 무지막지하게 퍼 넣고 커다란 국자로 휘휘 저었다. 거기까지야 그러려니 했다. 떡볶이를 만들 줄은 몰라도 짜장면이 춘장 맛에서 나오듯 떡볶이가 고추장 맛에서 나온다는 건 알고 있었으니까. 하지만 그건 세상 물정 모르는 착각이었다. 짜장면이든 떡볶이든 맛은 장에서 나오는 게 아니었다. 고추장 풀어놓은 물이 끓는 동안 어린아이 하나가 들어갈 수 있을 만큼 거대한 업소용 다시다 포대가 등장하더니, 아주머니가 그 화학조미료를 거의 때려 붓기 시작했다. 저만큼이나 들어가? 저만큼이나 들어가고도 계속 들어가? 싶을 때쯤, 이번에는 다시다 포대만큼이나 큰(즉 무시무시하게 큰) 백설탕 포대가 등장했다. 물론, 아주머니는 설탕도 어마어마하게 때려넣었다. 포대에서 쏟아져 나오는 설탕이 거의 흰 폭포처럼 보일 지경이었다. 그제야 이해가 됐다. 엄마가 집에서 만들어준 떡볶이는 왜 그리도 맛이 없었는지가.

그렇다고 해서 떡볶이를 끊지는 않았다. 건강에 딱히 좋을 것 없다는 걸 알아도 사람들이 술을 마시고, 탄산음료를 마시고, 튀김을 먹고, 짜고 맵고 단 온갖 음식을 먹듯이, 내 입맛은 고추장과 다시다와 설탕이 빚어낸 맛을 끊어낼 만큼 모질지 못했다.

수없이 많은 떡볶이가 내 위를 거쳐 갔다. 즉석떡볶이에서부터 국물떡볶이, 기름떡볶이, 크림떡볶이, 짜장떡볶이, 로제떡볶이까지, 떡볶이는 마치 치킨처럼 끊임없이 새로운 메뉴를 쏟아내고 새로운 브랜드를 탄생시켰다. 기본적인 재료인 떡과 어묵에 라면, 삶은 달걀, 치즈 정도를 추가해 먹었던 전에 비하면 토핑도 화려해졌다. 라면 사리 대신 중국당면이나 분모자를, 달걀 대신 메추리알을 넣고, 비엔나소시지나 베이컨을 넣고(삼겹살 떡볶이를 파는 곳도 봤다), 마지막으로 노란색 슬라이스 치즈가 아닌 눈꽃처럼 잘은 치즈를 뿌리면, 학교 앞 분식집에서 먹던 것과는 전혀 다른 떡볶이가 나온다. 토핑을 이쯤 추가하고 보면 '떡'볶이가 맞는지도 헷갈리지만.

어쨌거나 분명한 건 진득진득하고 빨간 떡볶이든, 로제떡볶이든, 국물 흥건한 떡볶이든 간에 떡볶이 양념은 김밥, 순대, 튀김 등 무엇을 찍어 먹어도 맛있는 만능 소스라는 거다. 물론 떡에, 어묵에, 고추장에, 갖은 토핑들까지 든 떡볶이만 먹어도 이미 탄수화물 폭탄인데 다른 음식(김밥, 순대, 튀김 셋 중에 열량이 적은 음식은 하나도 없다)까지 곁들이면 다음 날 체중계를 내려다보고 경악하게 될지도 모른다. 물론, 경악하기만 하고 계속 먹을 수도 있다. 어디 가서 떳떳이 내놓고 말하지는 못해도 우리가 길티 플레져를 계속하듯이. 하기야 음식만큼 길티 플레져에 어울리는 것이 또 있을까. 근육질이나 깡마른 몸에 대한 열망과 강박 속에 짜고 달고 열량이 높은 음식(즉, 맛있는 음식)은 전부 길티 플레져. 부른 배를 생각하면 그만 먹어야 하는데 손은 도넛과 케이크와 햄버거와 감자튀김과 피자와 치킨과…… 아무튼 온갖 고열량 음식들 사이에서 멈추지를 못한다.

떡볶이가 원래부터 이런 음식이었던 건 아니다. 조선시대 문헌에 '병적餠炙'(떡 병, 구울 적)이나 '오병熬餠'(볶을 오, 떡 병), 혹은 '쩍복기' 등으로 기록된 음식은 우리에게 익숙한 '떡볶이'와 사뭇 다르다. 19세기 요리책 《시의전서》, 《주식시의》, 《규곤요람》, 《주식방문》 등에 소개된 서로 다른 쩍복기 조리법 중에는 고추장이나 고춧가루가 들어가는 게 하나도 없다.

그렇다면 무엇으로 떡을 볶았나? 간장이었다. 고기, 전복, 채소 등 재료를 다양하게 넣어* 주로 설에 먹는 명절 음식이었다. 이는 대한제국 시기나 일제강점기, 해방 직후에도 마찬가지였다. 당시에는 손가락만 한 떡볶이 떡도 따로 없어서 기다란 가래떡을 뚝뚝 썬 뒤 단면을 열 십 자(十) 모양으로 사등분해 조리했다. 지금처럼 고추장을 넣어 빨갛게 만든 떡볶이가 어디서 어떻게 탄생했는가에 대해서는 두 가지 설이 있다. 하나는 신당동 마복림 떡볶이 유래설, 다른 하나는 통인시장 기름떡볶이 유래설이다. 하지만 이는 각 업소에서 주장하는 것으로 기록상 입증된 바는 없는데, 개발 시기에 대해서는 둘 모두 한국전쟁 직후라고 말한다.

어쨌든 고추장 떡볶이가 사람들의 입맛을 사로

---

*   한국식품연구원, 〈한국의 전통음식 떡볶이- 궁중음식, 양반음식, 서민음식, 글로벌음식〉, 《한맛한얼》 제6권 제2호, 2013.

잡기 시작한 건 1960년대 이후다. 한국 정부가 미국에서 원조 받은 밀가루를 보급하기 위해 혼분식 장려운동을 벌인 게 계기였다. 이렇게 들어온 밀가루로 만든 밀떡은 가격이 저렴해, 자본이 부족한 노점상들은 이 밀떡을 넣어 만든 떡볶이를 팔았다. 당시 포장마차나 좌판에서 떡볶이를 팔던 풍경은 1969년 9월 17일 《경향신문》에 한 은행원이 기고한 글에 잘 나타나 있다.

내가 대학을 다니던 그 시절, 나는 많이도 먹었고 먹는 가운데 기쁨도 찾아냈었다. 학교 주변에는 값싸게 먹을 곳도 많았지만 그중 '떡볶이 포장집'이 나의 단골집이었다. 맵싸한 그 맛도 맛이려니와 주인 털보아저씨의 인상과 독특한 사투리는 잊히지 않는다. 먹는 맛에 젖어 매일매일 들르면 아저씨는 "이봐, 학생. 좀 드문드문 들르라우. 나는 돈 벌어서 좋지만 남들이 오해하면 어떡하갔소. 이젠 정말 고만 오라우" 하고 곧잘 농담도 하셨다. 그러다가 정말 하루라도 빠지면 우리 과 학생에게 안부를 묻곤 하셨다. 그리고 그곳의 정말 좋은 점은 남학생이 있다고 체면 차리지 않아도 되고 남자, 여자 각자 계산하는 점이 좋았다. 추운 겨울날 맵고 뜨거운 떡볶이 한 개만 먹으면 추위는 사라지고 콧잔등에 땀이 솟는 그 맛, 그러나 지금은 흘러간 생의 한 토막, 나는 일상적인 생활에 젖은 은행원, 그 낙천적이던 아저씨마저 생활고로 자살해버렸으니…….

출산율이 높은 시기이기도 했지만, 인구가 도시로 집중됨에 따라 도시 학교에는 학생들이 넘쳐났다. 못 먹고 못 살던 시절에도 아이들은 늘 출출했고, 학교 주변엔 그런 아이들의 눈과 코와 입을 자극하는 싸구려 먹거리가 즐비했다. 특히 1970년대 국민학교 인근에 이런저런 간식을 파는 행상이 폭증해 사회적 문제가 될 정도였다. 그중에서도 떡볶이는 인기를 끈 만큼이나 불량 식품이라는 손가락질을 받았다. 비위생적인 건 말할 것도 없고, 일부 비양심적인 노점상들은 떡볶이가 더 맛깔나 보이도록 색소를 넣기도 했다. 여러 차례 대대적인 단속이 이루어졌지만 떡볶이의 생명력은 쫄깃한 식감만큼이나 끈덕져서 금세 다시 나타나 하교하는 아이들의 입 주변을 빨갛게 물들이기 일쑤였다. 그러면서 떡볶이의 패러다임이 달라진다. '떡볶이' 하면 간장이 아닌 고추장 떡볶이를 떠올리기 시작한 것이다. 하지만 코흘리개 아이들이나 먹는 불량 식품을 인정할 수 없었던 건지, 요리책이나 매스컴에서는 이후로도 한참 동안 간장으로 양념한 전통 방식의 떡볶이 레시피만을 소개했다.

고추장 떡볶이의 위상이 달라지기 시작한 건, 학교 앞 떡볶이에 푼돈을 쓰던 학생들이 소비 주체가 된 1980년대다. 신당동 떡볶이 골목은 젊은이들의 핫플레이스였다. 비좁은 골목 안에 떡볶이집만 40여 곳에 달했다. 일부 가게에서는 떡볶이에 열광하는 여학생들을 겨냥해 뮤직박스를 설치하고 잘생긴 DJ를 고용하기도 했다. 마치 지금 연남동이나 삼청동에 들어선 세련된 카페에서 잘생긴 남성 서버들을 고용하듯이 말이다. DJ DOC가 1996년 발표한 〈허리케인 박〉에는 당시 신당동 떡볶이집의 풍경이 잘 그려져 있다.

오랜만에 만난 황그녀 떡볶이를 너무 좋아해 찾아간 곳은 찾아간 곳은 신당동 떡볶이집 떡볶이 한 접시에 라면 쫄면 사리 하나 없는 돈에 시켜봤지만 그녀는 좋아하는 떡볶이는 제쳐두고 쳐다본 것은 쳐다본 것은 뮤직박스 안에 디제이라네 뒤에서 다시 이야기하겠지만, 이런 독특한 영업 방식은 1970년대 분식센터를 계승한 것이었다.

떡볶이 인기가 치솟은 가운데 80년대 중후반에는 풍년이 겹치고 쌀 소비가 줄어 정부미(정부가 비축해둔 묵은 쌀)가 눈덩이처럼 불어났다. 불량 식품이라고 무시당하던 고추장 떡볶이는 이제 젊은 세대의 입맛을 사로잡아 쌀 소비를 증진시킬 해결책으로 추켜세워지게 된다. 이에 따라 떡볶이 산업화가 급물살을 탄다. 1988년 삼양식품이 인스턴트 떡볶이를 개발한 데 이어 1992년 풀무원 역시 떡볶이 즉석식품을 내놓았다. 1992년에는 놀랍게도 떡볶이 자판기까지 등장했다. 김밥이 그랬듯이, 외식산업이 급성장한 1990년대에 떡볶이 프랜차이즈도 여러 곳 생겨났다. 급기야 2009년 이명박 정부는 한식 세계화를 선도할 네 가지 음식 중 하나로 떡볶이를 선정한다(나머지 세 가지 음식은 비빔밥, 전통술, 김치였다). 이 시기 떡볶이연구소 설립이나 떡볶이 페스티벌 개최 등 관련 사업에 투입된 예산은 140억 원에 이르렀다.

이 모든 과정을 거치면서 떡볶이의 정체성은 빨갛고 매운 분식으로 확고히 자리매김한다. 간장 양념을 입힌 떡볶이는 언젠가부터 '궁중떡볶이'라 불리면서 격이 더 높아지기는 했지만, 어쨌든 '떡볶이' 하면 떠올리는 음식에서 밀려난 셈이다. 반면 고추장 떡볶이 입장에서는 환골탈태가 아닐 수 없다. 학부모들의 골칫거리이자 천덕꾸러기 신세에서 한국을 대표하는 메뉴로까지 등극했으니 말이다.

소시지 김밥.

인터넷이 지금처럼 널리 보급되기 전, 1980~1990년
대에는 다들 텔레비전을 봤다. 바보상자니 뭐니 욕하
면서도 매일 저녁 사람들은 어김없이 브라운관 앞에
앉았다. 드라마 시청률이 무려 60%대를 기록하던 시
절이다. '텔레비전에 내가 나왔으면'이라는 동요가 나
온 것도, 이 동요가 히트를 쳐서 아이들이 툭하면 '텔레
비전에 내가 나왔으면 정말 좋겠네~ 정말 좋겠네~'를
흥얼거리던 것도 80년대. 집집이 텔레비전이 한 대
씩 들어오던 시기이니, 텔레비전에 나오는 것만큼 많
은 사람들 앞에 서는 일도 없었다. 당연히 TV 광고가
흥했다. 산업화가 이루어지고 경제성장으로 중산층이

늘어난 80년대, TV 광고는 대중에게 환상을 심으며 소비를 부추겼다.

당시 초등학생이었던 내게도 혼이 쏙 나갈 만큼 인상 깊게 남은 광고가 하나 있다. '바덴바덴'이라는 소시지 광고다. 본래 바덴바덴은 독일 남서부에 자리한 작은 휴양 도시로, 1981년 이곳에서 열린 국제올림픽위원회 총회에서 서울올림픽 개최가 결정됐다. 때문에 올림픽 유치를 염원하던 한국인들에게 바덴바덴은 성지와도 같은 장소, 행운을 가져다주는 이름으로 여겨졌다. 서울올림픽이 코앞으로 다가온 1987년, 프랑크푸르트도 아니고 비엔나도 아닌 '바덴바덴'이 신제품 소시지 이름으로 쓰이게 된 데는 그런 배경이 있었다. 이름에 걸맞게 바덴바덴 소시지 광고는 중세 유럽풍 도시 전경에 클래식 음악이 곁들여진 웅장한 분위기로 시작한다.

독일풍의 고급 소시지 롯데 바덴바덴! 독일 소시지의 독특한 맛과 풍미를 살린 고급 소시지가 롯데에서 새로 나왔습니다. 바덴바덴! 전 세계인이 모이는 축제를 앞두고 롯데가 자신 있게 내놓았습니다. 바덴바덴!

화면에서는 김이 모락모락 나는 소시지를 구부려 '뽀득' 하는 소리와 함께 터뜨리는 모습이 반복해서 흘러나온다. 소시지의 탱글탱글한 식감을 과시하려는 연출이다. 이어 고급 레스토랑 같은 곳에서 부자지간으로 보이는 두 모델이 소시지를 (역시 뽀득 소리를 내며) 맛있게 씹어 먹는데, 옆에서 엄마 역할을 맡은 모델이 말한다. "씹는 소리부터 맛있어요."

지금이야 '뽀득' 하는 씹는 소리가 광고를 위해 만들어진 효과음이라는 것을 알지만, 어릴 때는 씹을 때마다 뽀득 소리가 난다는 바덴바덴이 몹시도 먹고 싶었다. 소시지가 귀한 음식이었다고 말하기는 어려워도 흔히 '분홍 소시지'라 부르는 혼합 소시지, 즉 돼지고기에 어육, 밀가루, 전분 등을 섞어 만든 소시지에 비하면 훨씬 비쌌다(이름은 똑같은 '소시지'여도 아이들은 둘이 전혀 다른 음식이라는 걸 알았다). 비쌌기 때문에 특별한 반찬이라는 이미지가 씌워져 있었고, 도시락 뚜껑을 열었을 때 소시지가 가지런히 담겨 있으면 친구들의 반응은 둘 중 하나였다. 부러워하거나, 뺏어 먹으려고 하거나. 실제로 1987년 국민학생 5245명에게 '좋아하는 음식'을 물은 설문조사에서도 소시지가 5위를 차

지했을 정도로 인기가 높았다.[*]

그런데 '바덴바덴'은 그냥 소시지도 아니고 씹는 소리까지 저렇게 선명하다니…… 바덴바덴, 아니, 독일이 어디 붙어 있는 나라인 줄도 모르면서 독일 소시지는 씹으면 뽀득 소리가 나는 특별한 소시지라는 생각이 각인될 만큼 TV 광고의 힘은 대단했다. 나는 엄마에게 바덴바덴을 사달라고 부단히도 졸랐지만 돌아오는 답은 매번 같았다. "슈퍼에서 안 팔아."

결국 바덴바덴은 한 번도 맛보지 못한 채 TV 속 환상의 소시지로만 남았다. 그렇다고 해서 딱히 반찬 투정을 부리지는 않았다. 뽀득 소리가 나지는 않아도 다른 소시지라면 얼마든지 먹을 수 있었기 때문이다. 나중에야 안 사실이지만, 바덴바덴은 돼지고기 함량이 높아 일반 소시지보다 1.5배는 비쌌다고 한다

1980년대에는 슈퍼마켓뿐 아니라 정육점에서도

---

[*] 동방생명이 전국 46개 국민학교 학생들을 대상으로 실시한 설문조사 결과로, 1위 소고기, 2위 통닭, 3위 김치, 4위 짜장면, 5위 소시지, 6위 김밥, 7위 돈가스 순으로 나타났다. 김치가 3위를 차지한 것이 의외인데, 어린이들이 스스로 좋아했다기보다는 어른들이 건강에 좋으니 많이 먹어야 한다고 가르친 것이 반영된 결과가 아닐까 싶다.

대기업이 만든 가공육 제품을 살 수 있게 됐다. 그만큼 소시지가 흔했다. 1979년 돼지고기 공급 과잉으로 인한 '돼지 파동'의 여파다. 돼지고기가 남아도는 지경에 이르자 정부는 폭락하는 돼지고기 가격 안정을 위해 민간 자본 247억 원을 동원해 대대적인 가공육 생산 육성에 나선다. 이때 제일제당(현 CJ), 롯데 등 대기업이 참여하면서 가공육 업계의 경쟁이 심화됐고, 다양한 햄과 소시지가 시장에 쏟아져 나왔다.

이전까지만 해도 한국에서 생산되는 소시지는 어육 소시지나 혼합 소시지가 대부분이었다. 1960~1970년대에 소고기나 돼지고기 함량이 높은 소시지가 일부 생산되기는 했지만 대중의 밥상과는 거리가 먼 고급 식재료였다. 아무리 찌꺼기 부위 같은 걸 갈아 만든다고 해도 고기 자체가 귀했기 때문이다. 상황이 이렇다 보니 돼지고기 함량을 속여 판매하다 적발돼 파문이 일기도 했다. 어육, 밀가루 등을 섞어 만든 혼합 소시지는 사실 '진짜 소시지' 모양만을 냈을 뿐 모조 소시지에 가까웠다. 맛에서나 식감에서나 질이 떨어졌다. 뽀득 소리가 날 만큼 탄력 있기는커녕 푸석푸석했다. (분홍 소시지를 그냥 구워 먹지 않고 꼭 계란물을 입혀

전처럼 부쳐 먹는 이유가 있다) 더욱이 당시만 해도 생산 업체 대부분이 중소기업이기도 해서 가공육 시장 규모 자체가 크지 않았다. 그런데 돼지고기 가격 폭락을 계기로, 1980년 이후 한국 소시지의 주인공이 차츰 바뀌게 된다.

앞서 말했듯 가공육 산업에 뛰어든 롯데, 제일제당 등은 살코기 함량을 대폭 높인 소시지, 햄, 베이컨을 속속 출시했다. 막대한 비용을 투입해 홍보에 열을 올렸지만, 어육 소시지나 혼합 소시지보다 비싼 가격 탓에 곧바로 호응을 얻지는 못했다. 돼지고기 값이 떨어졌어도 소시지를 만들기 위해 일본이나 독일에서 관련 기술을 도입하며 지불하는 로열티 등 생산비 부담이 커 단가가 높게 책정된 것이다. 여기에 돼지 파동이 잠잠해진 것도 상품 가격을 마냥 떨어뜨릴 수 없는 이유였다.

이런 현실 속에서 대기업들 역시 저렴한 혼합 소시지를 생산했다. 대신 기존 혼합 소시지에 비해 돼지고기 함량을 높여 품질이 다르다는 것을 강조했다. 완두콩이나 양파 같은 채소를 섞기도 했다. 어린 자녀의 영양 균형을 고려한 상품이라는 점을 내세워 주부들의 구매를 유도하기 위해서였다. 1981년 시판된 제일제당 백설햄의 '피크닉 쏘세지'나 롯데 살로우만의 '헌팅'이 대표적인 고급 혼합 소시지다. 피크닉 쏘세지는 이름에서도 알 수 있듯이 야외 여가 활동을 즐기는 이들을 겨냥한 것이었다. 한편 헌팅은 도시락 반찬 수요를 겨냥하며 다음과 같이 광고했다.

> 엄마의 사랑이 담긴 도시락 반찬 솜씨가 학교에서 경쟁을 합니다. 많은 아이들과 함께 먹는 도시락 반찬, 자녀들이 엄마 솜씨를 급우들에게 자랑할 수 있도록 좋은 쏘세지로 맛있는 반찬을 만들어 주십시오.

성적 경쟁만으로도 살벌한 학교에서 도시락 반찬 솜씨를 놓고도 경쟁하라니, 지금 보면 딱히 좋은 홍보 메시지는 아닌 것 같다. 하지만 80년대라는 시대, 80년대의 학교 분위기는 그랬다. 1989년 개봉한 〈행복은 성적순이 아니잖아요〉는 실화를 바탕으로 만든 영화였다. 영화가 나오기 3년 전, 한 여중생이 성적 문제로 부모와 갈등을 빚다 자살해 사회적으로 큰 논란이 일었다. 유서에는 '행복은 성적순이 아니잖아요'라는 말이 적혀 있었는데, 이것이 그대로 영화 제목이 됐다. 지금이나 그때나 많은 학생들이 성적에서든 싸움에서든 다른 무엇에서든 경쟁 속에 있었다. 당연히, (광고 문구가 보여주듯이) 경쟁은 비단 아이들만이 아니라 학부모들 사이에도 있었다. 매일 아이들이 먹는 도시락은 '반찬 솜씨'뿐만 아니라 부모가 아이에게 얼마나 신경 쓰는지, 집안 환경은 어떤지를 보여주는 지표였다. 롯데 역시 신제품 '네모난 쏘세지'를 내놓으면서 비슷한 전략을 구가했다. 1983년 전파를 탄 이 소시지 광고에는 다음과 같은 내용이 담겼다.

> 롯데 '네모난 쏘세지'는 한식 재료에 맞게 사각으로 만들었기 때문에 도시락 반찬에는 이렇게! (얇은 소시지 부침 형태로 썰어 도시락 통에 넣는 장면) 김밥을 만들 때! (길쭉한 직사각형으로 썰어 김밥 속재료로 넣는 장면) 맛이요? 애들이 더 잘 알아요! 빠바밤~ 요리하기가 참 편해요!

롯데는 TV 광고뿐 아니라 상품 포장지에도 소시지를 넣어 만든 김밥의 단면 사진을 실었다. 원래 김밥에 넣던 소고기볶음 대신 혼합 소시지를 끼워 넣은 것이다. 광고 문구처럼 소시지 맛은 애들이 더 잘 알아서 금세 김밥 속을 파고들었다. 소시지에는 향미증진제가 들어 있어 고기처럼 따로 양념할 필요가 없고, 이미 살균 처리되어 포장된 것이라 굽지 않고 그대로 쓸 수 있어 주부들 입장에서도 요리하기에 무척 편했다. 무엇보다 발색제가 내는 분홍빛이 압권이었다. 잘 알려져 있듯이 붉은색 계열 음식은 식욕을 자극한다. 사람은 감각 인상을 받아들일 때 상당 부분 시각에 의존하는데, 특히 맛을 판단할 때 그렇다. 고기는 맛이야 좋지만 아무래도 양념해 구워놓으면 칙칙한 잿빛을 띤다. 이에 반해 화사한 분홍색을 띠는 소시지는 김밥을 한결 먹음직스럽게 보이도록 만들었다. 게다가 소고기보다 값도 쌌다.

　'네모난 쏘세지'의 업그레이드 버전인 '네모난 골드 쏘세지'의 1986년 TV 광고는 아예 김밥을 전면에 내세운다. 김밥 속재료를 준비하던 며느리가 소시지를 썰자, 이를 본 시어머니가 "네모난 골드 쏘세지냐?" 며 흡족해한다. 광고는 이렇게 만들어진 소시지 김밥을 손자가 통째로 들고 맛있게 베어 먹으면서 끝난다. 롯데는 같은 해에 내놓은 또 다른 신제품 '반달 쏘세지'

TV 광고에서도 김밥을 등장시킨다. 이름대로 반달 모양인 소시지를 자르지 않고 그대로 넣는데, 소시지가 김밥의 절반을 차지한다(광고는 이 김밥을 '반달 김밥'이라 부르면서 만들어 먹어보기를 권한다).

가공육 시장에서 롯데의 최대 라이벌인 제일제당도 김밥 경쟁에 뛰어들었다. 김밥에 넣기 편리하도록 길쭉하게 만든 '통 쏘세지'(1983년)를 내놓은 데 이어 1986년엔 아예 김과 똑같은 길이로 재단한 '금메달 쏘세지'와 '반달 쏘세지'를 선보인다. 배우 배종옥이 모델로 등장한 금메달 쏘세지 TV 광고는 '딱 김 한 장 크기니까 김밥에 안성맞춤'이라는 카피와 함께, 밥이 깔린 김 위에 소시지가 딱 맞게 놓이는 모습을 보여준다. 그런가 하면 1988년에 나온 신제품 '마라톤 쏘세지'의 TV 광고는 야외로 소풍을 간 아이들이 신나게 놀다 김밥을 먹는 장면을 연출했다. TV의 시대답게, 대기업들이 TV 광고를 통해 줄기차게 권한 소시지 김밥은 빠른 속도로 대중화됐다.

1980년 200억 원에 불과했던 한국의 가공육 시장 규모는 매년 30~50%씩 급성장했다. 10년 만인 1990년엔 2650억 원으로 13배 넘게 커졌다. 그러면서 혼합 소시지보다 비싼 햄 역시 소비가 차츰 늘었고, 김밥에 햄을 넣는 일도 흔해졌다. 이런 흐름을 재빨리 캐치한 제일제당이 1986년 김밥 맛에 어울리도록 개발했다는 '돌구이 햄'을 내놓는다. 1990년대 들어 김밥 전문점이 크게 늘자, 진주햄의 '바베큐김밥햄'(1992년) 등 상품명에 김밥을 넣은 햄이 줄줄이 나오기 시작했다. 90년대 중반에는 롯데 '김밥속햄'처럼 가공 과정에서 칼집을 내, 따로 손질할 필요 없이 한 줄씩 떼어 김밥에 바로 넣을 수 있게 만들어진 햄까지 등장했다. 소시지가 그러했듯이 햄 역시 대기업의 맹렬한 마케팅에 힘입어 10년도 채 지나지 않아 대표적인 김밥 속재료로 자리매김하는 데 성공한다.

독일풍 고급 소시지 '바덴바덴' 광고를 보며 침 흘린 지 20여 년 뒤, 나는 열흘간 독일로 여행을 다녀왔다. 박물관도 둘러보고, 고성도 찾아가고, 오페라도 감상하고, 물론 맥주 투어에도 적지 않은 시간을 할애했다. 독일 하면 맥주의 나라니까. 밤낮을 가리지 않고 물처럼 마신 탓에(물만큼이나 쌌다!) 열흘 내내 반쯤 취해 눈이 풀린 상태로 돌아다녔다. 신기하게도 지역마다, 가게마다 맥주 맛이 달랐는데 전부 다 감동적일 정도로 맛있었다. 맥주잔을 반 이상 덮은 뽀얀 거품조차 맛있을 정도였다. 안주는 당연히 소시지였다. 독일 하면 또 소시지의 나라니까. 과연 명성대로 독일 소시지는 짭짤하고 고소하고 쫄깃해서 한 입 먹으면 무한 루프에라도 빠진 듯 맥주를 계속 들이켜게 됐다. 그런데 열흘 동안 먹었던 하고많은 독일 소시지 중에 씹었을 때 '뽀득' 소리가 난 건 단 하나도 없었다. 바덴바덴은 정말로 TV 속에만 존재한, 환상의 소시지였다.

치즈김밥

한 가족의 다양한 군상을 그린 〈모던 패밀리〉라는 미국 시트콤이 있다. 2020년 종영하기까지 11년간 11개 시즌을 방영할 정도로 엄청난 인기를 모았던 작품이다. 수많은 에피소드 중에서도 기억에 남는 것이 하나 있는데, 바로 던피 가족의 세 모녀가 한꺼번에 월경을 시작하는 내용이다. 예민해진 세 사람은 동시에 짜증을 내는 등 심한 감정 기복을 보인다. 한데 하필이면 이 날은 가족끼리 함께 놀러 가기로 한 날이다. 난감해진 남편이자 아빠 필은 "악마의 트라이팩타"(긴밀히 연결되어 발생하는 세 가지 일)라며 한껏 몸을 사린다. 철부지 막내아들과 조카(역시 남자다)가 생리 중인 사람들은 그냥

집에 있으라고 하고 우리끼리 가면 안 되느냐고 묻자, 필은 이렇게 대꾸한다.

"여자들은 괴물이 된 것을 숨기려고 무척이나 애를 쓰고 있어. 그런데 너희가 생리라는 말을 입 밖으로 꺼내는 순간, 그 괴물이 튀어나올 거야."

이 장면을 보고 피식한 건 아마도 내가 필과 같은 남자이고 또 유부남이기 때문일 것이다. 아내도 월경이 시작될 즈음이면 평소와 다르게 공격적으로 변한다. 별것 아닌 말이나 행동에 벌컥벌컥 화를 내는 것이다(이건 아내도 인정한 바다). 그런데 이런 변화를 감지할 수 있는 경고 신호가 있다. 이 신호가 보이는 순간부터 나는 내 언행을 각별히 유의하게 되는데, 그건 바로 슬라이스 치즈다.

월경을 할 때가 다가오면 아내는 늘 밥에 슬라이스 치즈를 얹어 먹는다. 밥에 김을 싸 먹듯이 말이다. 꼭 치즈만이 아니라, 평소에는 잘 먹지도 않는 짜고 기름진 정크푸드가 몹시 먹고 싶어진단다. 사람마다 차이는 있겠지만 아내만 그런 것도 아니다. 월경이 시작되기 전, 여성의 체내에서는 여성 호르몬인 프로게스테론 분비가 급증한다. 식욕을 촉진하는 이 호르몬이

초콜릿 같은 단것과 고칼로리 음식을 먹고 싶게 만든다고 한다. 신혼 시절엔 그런 줄도 모른 채 치즈를 반찬 삼아 먹는 아내를 보고 "무슨 괴식이냐"며 기겁했다가 된통 혼난 적이 있다.

"치즈에 밥 싸 먹는 게 뭐 어때서? 자기는 치즈 넣고 싼 김밥 잘만 먹으면서! 내가 치즈에 밥을 싸 먹든, 우유에 밥을 말아 먹든 왜 간섭해?"

아내 말이 맞다. 치즈에 밥을 싸 먹는 것이나 치즈 넣은 김밥을 먹는 것이나 다를 게 없지 않은가. 한 방 먹은 나는 입을 꾹 다물었다. 평소답지 않게 쏘아붙이는 아내가 무섭기도 했지만.

아내가 말한 대로, 나는 김밥 전문점이나 분식집에 가면 치즈김밥을 곧잘 먹는다. 치즈김밥은 기본 김밥에 비해 500원쯤 비싼데, 따져보면 딱히 현명한 선택은 아니다. 김밥 한 줄에 들어가는 치즈는 기껏해야 반 장 정도에 불과하니까. 다른 속재료들과 달리 따로 손질하거나 조리할 필요 없이 기성품을 뜯어 그대로 넣는 것인데 500원을 더 받다니, 어쩐지 좀 과하다는 생각이 든다. 그렇다고 해서 치즈김밥을 안 사 먹었다는 건 아니지만. 꼭 사 먹지 않아도, 집에서도 치즈김밥

을 자주 만들어 먹었다. 슬라이스 치즈의 짭짤하면서
도 고소한 맛과 쫀득한 식감은 김밥에서 진가를 발휘
한다. 특유의 진한 노란색 덕분에 김밥 단면이 더 먹음
직스러워 보이는 건 덤이다.

치즈를 처음 먹어본 게 언제인지 정확히 기억나
지는 않지만, 꽤 어렸을 적이었던 건 분명하다. 이따금
엄마가 동네 아주머니들과 남대문 수입품 상가를 다
녀오는 날이면 장바구니 안에 샛노란 미제 치즈가 들
어 있었다. 그땐 그걸 간식으로 먹었다. 어린 입맛에 진
한 미제 치즈는 대단한 별미였는데, 엄마는 한꺼번에
많이 먹으면 탈이 난다면서 하루에 딱 한 장씩만 줬다.
감질 나는 양에 더 간절해졌던지, 나는 그 얇은 슬라이
스 치즈를 아주 조금씩 뜯어 입에 넣고 한참을 음미한
뒤 삼키곤 했다. 비닐 포장지 구석에 미처 말끔하게 떼
어져 나오지 않은 치즈 조각이라도 있으면 싹싹 뜯어
먹었다. 나중에야 안 사실이지만, 어린 나를 그토록 애
태웠던 슬라이스 치즈는 주한미군기지 PX에서 불법
적으로 유출된 미국 크래프트사의 '싱글즈'(낱개 포장이
어서 이런 이름을 붙인 모양이다)였다.

이런 미제 치즈가 암시장에서 불티나게 팔리는

가운데, 1987년 한국에서도 슬라이스 치즈가 만들어 진다. 해태유업을 시작으로 서울우유, 매일유업 등 대기업들이 앞다투어 뛰어들었다. 이 배경에는 당시 우유가 과잉생산되면서 불거진 우유 파동이 있다(앞서 '소시지김밥'에서 설명했던, 돼지 파동이 일어나면서 가공육 산업에 대기업들이 참여했던 것과 정확히 같다). 치즈는 우유로 만들어지니, 원유 재고를 소진시키고자 슬라이스 치즈 생산의 확대를 꾀한 것이다. 특히 1987년이면 원유 재고가 심각할 정도여서 우유 소비를 촉진하기 위해 우유 마시기 대회 같은 것이 열리기까지 했다. 매스컴에서는 우유가 위에 좋고 불면증을 낫게 한다고, 특히 어린이들 지능 발달에 도움을 준다며 연일 호들갑을 떨었다. 당시 우유는 국민학교 급식으로 제공되고 있었는데, 정부는 그 대상을 대폭 늘리도록 조치했다. 더불어 우유 급식 적용 범위를 중고등학교까지 확대시켜 학생들로 하여금 엄청난 양의 우유를 먹어치우게 했다.

  학교에서 우유 급식을 강요했던 기억은 수십 년이 지난 지금까지도 생생하게 남아 있다. 같은 유제품이건만 흰 우유는 치즈처럼 고소하지도, 향긋하지도 않았다. 비릿한 향에 맛이 없었다. 아이들은 우유를 변기에 쏟아 버리는 일이 허다했고, 우유 곽이 부풀어 오를 때까지 마시지 않고 방치하기도 했다. 장난감 폭탄처럼 서로 던지면서 놀다가 곽이 진짜 터져버리기라도 하면 하루 종일 교실에서 우유 비린내가 났다. 그러자 담임교사가 보는 앞에서 우유 곽을 뜯어 남김없이 마시도록 강제하는 절차까지 생겨났다. 유당불내증인 몇몇 아이들이 힘들어하는데도(당시에는 유당불내증이 퍽 생소한 것이었다) 학교도, 담임교사도 아랑곳하지 않았다. 우유 급식 시간은 거의 공포였다. 언젠가 급식비를 더 내면 흰 우유를 딸기 맛이나 초코 맛 우유로 바꿀 수 있게 한 적이 있는데, 거의 모든 아이들이 그걸 신청하자 얼마 뒤 다시 흰 우유만 제공되도록 바뀌기도 했다.

학교를 비롯해 여기저기서 푸대접 받았던 우유와 달리 한국산 슬라이스 치즈는 출시되자마자 호응을 얻었다. 해태유업은 슬라이스 치즈 판매량이 예상치를 훌쩍 넘기자 시판 6개월 만에 생산량을 3배 이상 늘렸다. 하지만 이런 와중에도 PX에서 흘러나온 미국산 슬라이스 치즈가 불법 유통되는 일이 사라지기는

커녕 여전히 횡행했다. 한국산 치즈에 비해 20%나 더 비쌌는데도 그랬다. 한국산 슬라이스 치즈 맛이 미국산에 못 미친다는 반응이 적지 않았던 탓이다. 그러면서 웃지 못할 해프닝까지 벌어졌는데, 1987년 해태유업이 신문에 낸 광고를 보자.

해태 슬라이스 치즈가 요즘 외제 치즈로 둔갑하고 있습니다.

"외제 치즈인 줄 알고 계속 먹어왔는데 그게 해태 슬라이스 치즈와 똑같아요!"

요즘 소비자들로부터 항의가 빗발치고 있습니다. 조사 결과, 일부 업자들이 외제 치즈의 포장을 가짜로 만들어 안에 해태 슬라이스 치즈를 넣고는 외제 치즈인 양 판매하고 있음이 드러났습니다. 주부님들이 외제 치즈를 찾는 이유는 첫째, 국산 슬라이스 치즈가 나온다는 사실을 모르고 있거나 둘째, 아무래도 외제가 좋지 않겠나 하는 막연한 이유에서일 것입니다. 소비자 여러분! 일부 업자의 농간에 현혹되지 마시고 확실한 해태 슬라이스 치즈를 구입하십시오. 가까운 백화점, 슈퍼마켓, 특약점에 준비되어 있습니다.

해태는 쉽게 구분할 수 있도록 이 광고에 자사 제품 사진과 싱글즈 사진을 나란히 게재하기까지 했다.

하지만 이런 자부심을 제쳐놓고 보면, 당시 한국 기업들에게 치즈 생산 기술이 부족했던 건 사실이다. 해태만 해도 호주 기업과 합작해 기술을 지원받는 방식으로 슬라이스 치즈를 생산했다. 이는 다른 기업들도 마찬가지였는데, 이게 문제가 된다. 호주, 뉴질랜드 등 외국 기업들이 자국산 치즈 원료를 활용할 것을 계약 조건으로 내세웠기 때문이다. 유제품이 남아도는 와중에도 수입 원료 가격이 한국산보다 저렴해 기업 입장에서도 거절할 이유가 없었다. 이에 국산 원유만을 사용한 서울우유를 비롯해 한국낙농육우협회 등 관련 단체들이 치즈 원료 수입 반대 운동을 벌였고, 정부는 국산 원유를 사용하는 경우에만 합작 공장 설립을 허용하기로 방침을 바꾼다. 그러자 업계는 다시 시끄러워진다. 이미 치즈 생산 공정에 수입 원료를 넣고 있던 해태유업과 후발 주자로 나선 롯데, 매일유업 등 다른 업체들 간에 형평성 논란이 불거진 것이다.

슬라이스 치즈를 둘러싼 잡음은 이후로도 끊이지 않았다. 저온살균 우유를 선보이면서 기존 우유에 적용되는 고온살균법이 영양소를 파괴한다는 광고로 파문을 일으킨 파스퇴르 유업이 1989년 자연치즈 제품을 내놓을 때 슬라이스 치즈 같은 가공치즈의 유해성을 비판하는 광고를 대대적으로 게재한 것이다. 이러한 논란은 최근까지도 꾸준히 벌어졌는데, 가공치즈에는 (바로 그 진한 노란색을 내기 위한) 색소에서부터 합성보존료, 밀가루 등이 다량 들어가기 때문이다. 같은 해 남양유업 역시 신제품 '로젠하임'을 내놓으면서 '방부제 없는 슬라이스 치즈는 로젠하임'이라고 광고하는 등 업체들 간에 과열경쟁과 갈등이 심각해졌다.

어쨌든 이렇게 말도 많고 탈도 많았던 슬라이스 치즈는 생산업체가 크게 늘어남에 따라 1990년 이후로는 부쩍 흔해졌다. 암시장에서 비싼 값에 꾸준히 팔리던 싱글스는 넘쳐나는 한국산 치즈에 밀려 유통량이 급감했다. 치열해진 경쟁 속에 1992년, 해태유업은 신제품 '김밥 치즈'를 내놓는다. 치즈를 주로 넣는 햄버거나 샌드위치가 젊은 세대 입맛에 맞는 음식이라는 점을 고려해, 남녀노소 누구나 잘 먹는 김밥에 치즈를 끼워 넣음으로써 소비층 확대를 꾀한 것이다. 이 김밥 치즈는 기존 슬라이스 치즈와 모양도 크기도 같았지만, 김밥에 맛을 더하도록 소고기, 고추, 마늘 양념이 추가됐다. 해태는 '이제부터 김밥 말 때는 김밥 치즈를 깔아주세요'라며 대대적인 마케팅을 벌였는데, 광고에 실린 예시 사진을 보면 김 위에 치즈 두 장을 깐 채 김밥을 말고 있다.

노림수는 적중했다. 이즈음 곳곳에 생겨난 김밥 전문점들은 단가가 높은 프리미엄 김밥 메뉴 중 하나로 치즈김밥을 내놓았다. 어색할 것만 같던 치즈와 밥은 자연스럽게 어우러졌다. 미제 치즈를 귀한 간식으로 먹었던 (나를 포함한) 많은 사람들은 슬라이스 치즈를 넣어 만든 치즈김밥도 고급스러운 별미로 받아들였다. 김밥 속에 든 것이 자연치즈가 아니라 가공치즈라는 사실은 별로 중요하지 않았다.

치즈김밥이 메뉴판에 안착하자 2013년 서울우유는 아예 김밥 전용 신상품 '김밥 치즈'를 선보인다. 정사각형 형태인 기존 슬라이스 치즈와 달리 길쭉한 직사각형 형태였는데, 김밥을 말 때 포장지만 벗겨 바로 쓸 수 있도록 김밥 크기에 맞춰 가공한 것이었다.

잘 팔리지 않았는지 해태나 서울우유의 김밥 치즈는 얼마 못 가 사라졌지만, 치즈김밥은 계속해서 진화하고 있다. 더 이상 슬라이스 치즈만이 아니라 크림치즈, 리코타치즈, 모차렐라치즈, 에담치즈, 고다치즈 등 다양한 치즈가 김밥 속재료로 들어가고 있다.

치즈김밥이 당연해진 것처럼 아내가 치즈에 밥을 싸 먹는 것 역시 이상할 게 없다고 머릿속으로 생각하면서도, 막상 실제로 볼 때면 꺼림칙한 시선을 거두지 못했다. 마찬가지로 아내의 성격 변화가 호르몬 분비에 따른 자연스러운 현상이라고 여기면서도, 사람이 하루아침에 저렇게까지 달라지는 게 정상적인 건가 싶었다. 이런 인식이 완전히 뒤바뀐 건 얼마 전, 내게 갱년기가 본격적으로 닥치면서였다. 솎아내기 힘들 정도로 흰머리가 늘고, 기력이 예전 같지 않다는 걸 체감하는 것은 물론, 갑자기 더워져서 진땀이 나다가도 이내 추워져서 소름이 돋았다. 그리고 이런 신체적인 변화와 함께 짜증이 부쩍 늘었다. 원래 넉넉한 성품이 아니기도 했지만, 정말이지 사소한 일에 신경질적인 반응을 보이고 만다. 애써 숨겨뒀던 괴물을 토해내듯이 말이다. 그러지 말아야지, 생각하면서도 순간적으로 통제가 안 된다. 이런 나를 보며 아내가 "1년 365일 생리하는 것 같다"며 혀를 내두를 정도였다. 확실히 인간은 자기중심적이다. 직접 겪어보지 않고서는 타인을 이해하기 어렵다.

금밥

오, 황금을 갈망하는 저주받을 탐욕이여, 어찌 그대는 인
간의 마음을 억누르지 못하는가!

로마 제국 건국 신화를 다룬 서사시 〈아이네이
스〉 중 한 대목이다. 아이네아스 장군이 트로이 왕국
폴리도로스 왕자의 비극적인 죽음을 한탄하는 장면인
데, 배경은 이렇다. 폴리도로스 왕자는 트로이 전쟁 중
에 배를 타고 매형인 폴리메스토르 왕이 다스리는 트
라키아로 탈출한다. 나라가 멸망하리라는 것을 직감한
프리아모스 왕이 막내아들 하나라도 살려보겠다며 사
위에게 보낸 것이다. 이때 폴리도로스 왕자가 타고 간
배에는 어마어마한 양의 황금도 함께 실려 있었다. 프
리아모스 왕이 아들의 안녕을 위해 남긴 유산이었다.

하지만 아이러니하게도 이 황금이 왕자의 운명을 바꿔놓는다. 트로이 왕국의 함락 소식을 전해 들은 폴리메스토르가 황금에 눈이 멀어버린 것이다. 그는 처남인 폴리도로스를 무참히 살해하고 장인이 보낸 황금을 가로챈다.

오랜 세월 화폐 역할을 하는 것이 계속해서 바뀌는 동안에도 제 가치를 온전히 보존해왔던 게 금이다. 이 귀한 쇠붙이는 동서고금을 막론하고 사람들에게 광기를 불러일으켰다. 패륜을 저지르고 살인을 불사할 정도로 말이다. 폴리메스토르뿐 아니라 '황금 손' 미다스 왕 이야기에서도 알 수 있듯이 금은 예로부터 치명적인 탐욕의 상징물이었다. 녹슬지 않아 영원불멸하며 태양처럼 빛나는 이 찬란한 금속은, 바로 그런 탐욕 때문에 수없이 많은 인명을 앗아갔다.

금에 대한 맹목적인 집착은 소유하거나 장식하는 정도로는 만족할 수 없었던 모양이다. 몸에 흡수되는 것도 아니건만 어떤 이들은 금을 먹기까지 했다. 불로장생을 꿈꾼 진시황은 물론, 중세 유럽의 왕족과 귀족들, 아니, 멀리 갈 것도 없다. 한국에서도 우황청심원 겉면에 금박을 입히는 제조법이 《동의보감》에 기록된 바 있다. 지금도 고급 한정식집 같은 곳에서는 음식 위에 금가루를 얹어 내온다. 금설주처럼 아예 금가루를 탄 술도 있다.

그런데 1995년, 식용 금이 소동을 일으킨 적이 있다. 다름 아닌 김밥 때문이다. 서울 신촌의 한 김밥집에 금박을 두른 '골드 김밥'이 등장한 것이다. 누드 김밥에 금박지를 두들겨 밥에 금가루를 입히는 식이었는데, 한 줄 가격이 6000원이었다. 일반 김밥에 비해 2~3배나 비쌌으니, 그야말로 금칠을 한 김밥이었다. 재밌는 건 뉴스 속 인터뷰다. 기자가 손님에게 맛이 어떤지 물으니 손님이 멋쩍은 듯 웃음을 터뜨리며 이렇게 답한다. "맛이요, 김밥 맛하고 똑같아요."

속재료가 다르지 않고, 그렇다고 금가루가 특별한 맛을 내는 것도 아니니 당연히 똑같은 맛이었을 것이다. 그런데 앞서 예로 들었듯이 금을 얹은 음식은 대개 가격대가 높다. 값비싼 음식이기 때문에 금을 얹어 고급스러운 느낌을 자아냈든, 반대로 금을 얹었기 때문에 값이 비싸졌든, 어느 쪽이든 간에 김밥 같은 일상적인 음식에 소금이나 후추 치듯이 금가루를 입히지는 않는다. 신기해서 한 번쯤은 먹어볼 수 있겠지만, 맛이든 양이든 똑같은 김밥을 굳이 2~3배 가격에 사 갈 손님이 있었을까? 왜 이런 김밥이 만들어진 걸까?

배경이 있다. 1990년대 중반, 김밥 전문점이 급증하면서 경쟁이 과열되자 이색적인 김밥들이 속속 개발됐다. 민트초코맛 소주 같은 게 나오면 맛이야 어떻든 간에 사람들이 호기심에 한 번씩 찾아보고 먹어보듯이, 관심을 끌기 위해서였을 것이다. 그런 와중에 금박을 입힌 김밥까지 나온 것이다. 실제로 이 금밥은 지상파 뉴스에 등장할 만큼 화제가 됐다. 하지만 이런 화제성과는 별개로, 찾는 손님은 별로 없었던지 골드 김밥은 곧 사라졌다. 그로부터 2년 뒤에 외환위기가 터져 전국적인 금 모으기 운동이 전개됐다는 걸 상기해보면 금가루를 입힌 김밥이 존재했다는 사실 자체가 신기루처럼 느껴진다.

자취를 감췄던 금밥이 다시 등장한 건 20여 년 만인 2014년, 서울 압구정동의 한 김밥집에서 금박 입힌 김밥을 선보이면서다. 골드 김밥처럼 상시 판매하는 메뉴는 아니었고, 응모에 당첨된 손님에게만 판매하는 이벤트성 메뉴였다. 이 메뉴는 한우, 랍스터, 장어, 전복 등을 속재료로 넣고 식용 꽃으로 장식하는 등

신촌 김밥집에서 내놓았던 김밥과는 비교도 안 될 만큼 화려했다. 당연히 가격도 훨씬 비쌌다. 김밥 네 줄이 든 한 세트가 원가만 10만 원에 상당했으니 적어도 한 줄에 2만 5000원인 셈인데, 이벤트성 메뉴인 만큼 1만 원에 판매했다. 이 금밥 역시 TV 예능 프로그램에 소개될 정도로 큰 화제를 모았지만, 이벤트가 끝난 뒤에 사라졌다.

어쨌든 금박 김밥도 그랬지만 금을 넣은 음식들은 하나같이 심신 안정이나 기력 보강에 좋다며 건강상의 효능을 강조하곤 했다. 하지만 금을 먹는다고 해서 소화기관에 금칠이 되거나 하지는 않고 전부 몸 밖으로 배출된다고. 그러니까 금밥은 고스란히 금똥이 되는 셈이다. 어쩌면 이게 다행일 수도 있다. 음식에 넣는 금가루에 중금속이 섞이는 경우도 종종 있다고 하니까. 중금속은 금과 달리 체내에 축적되어 건강에 유익하기는커녕 암을 유발할 수 있다. 아이네아스의 한탄처럼, 황금을 갈망하는 탐욕이 저주를 불러오는 것이다.

그건 황금에 눈이 멀어 처남을 죽인 폴리메스토르 왕에게도 마찬가지였다. 장모이자 폴리도로스 왕자의 어머니인 헤카베가 찾아와 아들에게 줄 황금이 더 있다는 말을 하자, 그는 처남이 살아 있는 척 시침을 떼며 자신이 전해주겠다고 한다. 물론 그 황금마저 차지하려는 속셈이었다. 하지만 헤카베는 이미 진실을 알고 있었다. 황금을 미끼로 아들을 위해 복수할 기회를 마련한 것뿐. 헤카베는 그 자리에서 사위의 눈알을 뽑아 죽였다. 눈먼 탐욕에 정말로 눈이 멀어버린 것이다.

새우튀김 김밥.

내가 아내를 만난 건 소개팅 자리에서였다. 나는 결혼하기 전까지, 다시 말해서 아내를 만나기 전까지 꽤 여러 번 소개팅을 했는데, 낯선 상대를 처음 만나는 장소는 거의 언제나 카페로 정했다. 처음부터 밥을 먹거나 술을 마시는 일은 드물었다. 이유는 물론 불편해서였다. 잘 알지 못하는 사람, 하지만 잘 보여야 하는 사람과 밥을 함께 먹는다는 건 생각보다 많은 용기가 필요한 일이다. 우선 유쾌하지 않은 소음이 발생한다. 질겅질겅, 후루룩, 쩝쩝⋯⋯. 더욱이 식사 중에 말하다 보면 상대방에게 침이 튈 수도 있다. 침만 튀면 다행이지, 입안에서 아밀라아제에 뭉글뭉글 녹아버린 음식물까지 딸려 갈 수 있다……. 술집은 더 부적절하다. 하필이면 그날따라 컨디션이 안 좋기라도 하면, 겨우 한두 잔에 취해버리기라도 하면 온갖 치부를 고스란히 떠벌릴 수도 있다. 내숭은커녕 할 말 못 할 말 가리지 못하고 입방정을 떨어버리는 것이다.

그래서 카페에 갔다. 나만 그런 게 아니라 주변 친구들 역시 카페에서 커피를 홀짝였다. 음식이나 술과 달리 커피를 마시는 건 조용했고, 어딘가 우아한 구석까지 있었다. '커피 한 잔의 여유'는 생각보다 넉넉해서, 고작 한 잔을 앞에 놓고도 상대방을 찬찬히 뜯어보며 이런저런 이야기를 나눌 시간이 있었다. 그러다 운 좋게 외모든 성격이든 아니면 다른 무엇이든 간에 내 취향에 딱 맞는 구석을 발견했는데, 상대도 내가 마음에 드는 눈치다. 이럴 때 던지는 소개팅 공식 질문이 있다.

"무슨 음식 좋아해요?"

정말 궁금해서 묻는 질문이라기보다는 함께 식사하지 않겠느냐는 제안이다. 이제 밥을 같이 먹어도 어색하지 않을 사이가 됐으니까. 음식은 상대가 고르는 것에 맞추겠다는 배려 섞인 표현이기도 하다. 물론 이 질문에 어떻게 대답하느냐는 성격에서부터 취향, 가치관, 평소 생활 등 많은 것을 말해주곤 한다. 이를테면 삼겹살이나 해장국 같은 음식이 튀어나온다고 치자. 겉보기에는 까다롭거나 차가운 인상이어도 실은 털털한 성격일 가능성이 높다(아니면 술을 좋아할 가능성이 높거나). 혹은, 비건 지향이라는 대답이 돌아온다면 십중팔구 동물권이나 환경에 관심이 많은 사람일 것이다. 이렇게 좋아하는 음식을 묻는 건 꼭 소개팅만이 아니라 사업상 미팅에서도 효용이 크다.

하지만 반대로, 사적인 자리에서든 공적인 자리에서든 나는 이런 질문을 받으면 늘 당혹스럽기 짝이 없었다. 세상에 맛있는 게 얼마나 많은데 도저히 그중 하나만 꼽을 수가 없어서였다. 결국 그런 질문을 받을 때면 "두루두루 잘 먹어요"라고 얼버무리곤 했지만, 간혹 집요하게 묻는 사람들이 있었다. "그래도 하나만 고른다면요?" 이럴 때 내 대답은 정해져 있다.

"갑각류요."

이렇게 대답하면 질문한 사람은 늘 눈이 휘둥그레지면서 "갑각류요?"라고 되묻곤 했다. 보통은 고기라든가, 회라든가, 한식이든 일식이든 양식이든 간에 사람들이 좋아할 만하고 자주 떠올리는 음식들이 있게 마련이니까. 하지만 세상의 수많은 맛있는 것 중에 최애를 추리고 추려본다면, 역시 나는 특정한 음식이 아니라 새우, 꽃게, 대게, 랍스터 같은 갑각류를 꼽을 수밖에 없다. 단단한 껍데기 속에 숨겨진 탱글탱글하면서도 바다 내음 가득한 속살은 그야말로 외강내유의 진미다. 나는 모든 갑각류를, 아니, 갑각류로 요리한 모든 음식을 사랑한다. 깐풍새우, 칠리새우, 새우튀김, 새우초밥, 에비동 같은 새우로 만들 수 있는 온갖 요리에서부터 대게 찜, 랍스터 버터구이, 꽃게찌개, 게장, 꽃게범벅, 푸팟퐁 커리, 하다못해 어묵 국물을 내기 위해 들어간 꽃게까지, 아쉬워서 어느 것 하나만 꼽을 수가 없다. 사형수들은 최후의 만찬 메뉴를 직접 고른다는데, 나라면 갑각류 요리를 주문할 것이다(물론 그럴 일은 없어야겠지만).

그런데 갑각류 요리는 가격이 만만치가 않다. 새우나 대게 요리는 특별한 날에만 먹는 음식이었고, 랍스터 같은 건 어렸을 땐 아예 구경도 못 했다. 이렇게 평소에는 먹기 힘든 음식이니, 생일이나 가족 모임으로 고급 뷔페라도 가는 날이면 나는 물론 갑각류를 집중

공략했다. 그나마 저렴한 편인 꽃게는 제철마다 집에서 찌개로 끓여 먹었는데, 속살을 발라내기가 여간 귀찮은 게 아니었다. 들이는 수고에 비하면 나오는 양이 터무니없이 적었다. 가격이 어떻든 간에 갑각류, 정확히 말하면 껍데기 속 속살은 귀한 음식이었던 것이다.

그러니 새우튀김 김밥을 처음 접했을 때, 나는 꼭 소개팅에서 완벽한 이상형을 만난 것처럼 흥분됐다. 김밥에, 그것도 새우를, 심지어 속살만 발라내 튀김으로 만들어 넣었으니 나로서는 그야말로 환상의 조합이었다. 왜 이런 김밥이 진작 만들어지지 않았지, 싶을 정도였다.

인생 김밥이라고 할 만한 새우튀김 김밥을 처음 맛본 건 2014년이다. 집 앞에 있던 김밥 프랜차이즈 '고봉민 김밥'에서였다(메뉴판에는 '새우김밥'으로 올라 있다). 집에서 싸 먹는 김밥을 좋아하지 밖에서 사 먹는 김밥은 별로 좋아하지 않는데, 새우튀김 김밥만은 예외였다. 아무래도 집에서 튀김을 만들기는 어려우니까. 마찬가지로 튀김 전문점도 아닌 김밥 전문점에서 튀김을 튀기기도, 튀김을 관리하기도 어려울 테니 주문할 때까지만 해도 큰 기대는 없었다. 이런 김밥이 다

있네, 정도였다. 그런데 그렇게 해서 나온 새우튀김 김밥은, 예상과는 달리, 맛있었다!

튀김옷은 쌀밥 속에 묻혀 있었는데도 바삭한 식감이 살아 있었다. 쓰유를 끼얹은 듯 짭짤한 맛이 나는 소스 덕분인지 느끼하지도 않았다. 간단히 말하면 에비동을 김 안에 넣고 말아버린 셈인데(일본식 덮밥 위에 끼얹어지는 달걀은 빼야겠지만) 새우튀김 한 입 먹고, 밥한 숟가락 떠먹고, 반찬 집어 먹을 필요 없이 한꺼번에 씹어 삼킬 수 있는 것이다. 새우튀김에, 밥에, 다른 속재료가 어우러질까 싶은데 (에비동이 맛있는 것처럼) 맛있다. 무엇보다 새우가 들어간 김밥인데도 가격이 착했다. 두 줄을 먹어도 7000원. 식당의 어지간한 점심식사 한 끼 가격보다도 싸다. 이게 가능한 건 베트남산 '노바시 새우' 덕분이다.

일본어로 '노바시伸ばし'는 '펴다, 팽팽하게 하다, 곧바르게 하다, 뻗다'라는 뜻의 동사 '노바스伸ばす'의 명사형이다. 잘 알려져 있다시피 새우는 원래 등이 굽어 있는데, 에도 시대 일본에서는 새우튀김을 만들 때 기름에 골고루 튀겨지고 먹기 편하도록 새우에 칼집을 낸 뒤 1자 형태로 꼿꼿하게 쭉 펴서 사용했다. 이렇

게 손질한 새우를 '노바시 새우'라 부른다. 당시 수도 에도의 앞바다, 즉 지금의 도쿄만에서 크기가 작고 살집이 얇은 보리새우가 많이 잡히자 노바시 새우로 만든 에비 덴푸라, 즉 새우튀김이 크게 유행했다. 처음엔 서민들의 저렴한 패스트푸드였다. 한국에서 떡볶이나 튀김 등을 노점에서 많이들 팔았듯이 일본에서도 '야타이屋台'라 불리는 노점에서 이런 새우튀김을 팔았다. 튀김을 튀기는 데는 번거로움이 뒤따르기도 하지만 무엇보다 강한 화력이 필요한데, 목조 가옥이 많은 일본에서는 화재에 대한 우려로 집 안에서 튀김 요리하기를 꺼렸다.

조리법은 간단했다. 노바시 새우에 우동 반죽용 밀가루만 대충 묻힌 뒤 참기름에 튀겼다. 육식을 하지 않던 일본 서민들에게 새우튀김은 열량이 높고 단백질이 풍부한 영양식이었다. 그러다 19세기 중반에 이르면 에도에서 요정 문화가 번성하며 에비 덴푸라는 유흥가 술상에 단골 안주로 오르게 된다. 이때 고급화를 꾀하면서 튀김옷에 노란 달걀물을 넣어 보기에도 먹음직스럽고 맛도 고소한, 지금의 새우튀김 조리법이 완성된다.

당시 요정에서 먹었던 에비 덴푸라는 우키요에 화가 쓰키오카 요시토시의 1888년 화첩에 생생하게 그려져 있다. 그림 속에서 게이샤가 손에 쥐고 있는 새우튀김은 등이 굽어 있지 않고 1자 형태로 쭉 뻗어 있어 오늘날의 새우튀김과 흡사하다. 이후 수요가 공급을 초과하며 새우 가격이 치솟았고, 새우튀김은 고급 요리가 되어 서민들의 식탁에서 멀어졌다.

새우가 다시 대중의 입속으로 들어올 수 있게 된 건 1963년, 일본 농학박사 후지나가 모토사쿠가 세계 최초로 새우 인공 산란에 성공하면서였다. 덕분에 새우를 대량으로 양식하는 것이 가능해졌다. 일본 기업들은 이 기술을 활용해 내수용 새우의 단가를 낮추겠다며 대만, 중국, 동남아시아 등 인건비가 저렴한 지역에서 양식업 육성에 나섰다. 1968년 한국 정부도 후지나가 연구소(후지나가 모토사쿠가 설립한 새우 양식 연구소)로부터 양식용 보리새우 2만 마리를 기증 받았다. 이 새우를 전남 고흥에서 양식해 1969년부터 일본에 수출했다. 이렇게 수입 새우가 물밀 듯이 들어온 덕분에 일본 서민들도 부담 없이 사 먹을 수 있을 정도로 새우 가격이 낮아졌다.

일본에서의 소비가 대폭 늘자 아시아 새우 산업은 규모가 급속히 커졌다. 그중에서도 베트남산 새우의 일본 수출 성장세가 두드러졌다. 지금도 일본에서 가장 많은 새우를 수입하는 나라가 바로 베트남이다. 인건비가 낮고 어업이 발달했으며 양식장에 필요한 조건이 잘 갖춰진 베트남은 새우 양식 규모 세계 3위, 바다 새우 어획량 세계 4위의 '새우 대국'으로 성장했다. 베트남에서는 아예 일본인들이 즐겨 먹는 튀김용, 즉 노바시 새우 형태로 손질까지 마친 가공품이 생산되기에 이른다. 저렴한 가격에 조리하기도 편한 이 베트남산 노바시 새우는 일본 수요를 충족시키고도 남을 정도로 생산량이 늘면서 한국에도 들어온다. 특히 2005년 한·아세안 FTA가 체결되어 동남아산 수입 수산물 가격이 낮아지면서 해산물 레스토랑과 뷔페가 유행하자, 베트남산 노바시 새우가 싼값에 대량 수입된다. 그리고 이 모든 과정을 거쳐 일식집의 고급 요리였던 새우튀김이 프랜차이즈 김밥집의 3500원짜리 김밥 속에까지 들어가게 된 것이다. 게다가 노바시 새우는 얇고 길쭉하게 손질되어 있어 김밥 속재료로 쓰기에도 아주 적당했다.

새우튀김 김밥과는 상관없는 이야기인데, 소개 팅으로 아내와 만났을 때 우리는 카페를 건너뛰고 곧 장 밥을 먹으러 갔다. 약속을 잡은 일요일에 내가 갑자 기 당직 근무를 서게 돼 퇴근 후에 보기로 부랴부랴 일 정을 바꾼 탓이었다. 그게 저녁 8시가 다 되어서였다. 커피를 마시기에는 너무 늦은 시간이었다. 내 사정으 로 약속을 갑자기 바꾼 것이 미안하기도 하고 아내의 첫인상이 마음에 들기도 해서, 회사 근처에서 가장 근 사한 곳으로 갔다(무려 부가가치세와 봉사료가 10%씩 따로 붙는 고급 레스토랑이었다). 그때 내가 뭘 먹었는지는 기 억나지 않지만, 아내는 큼지막한 왕새우를 올린 해산 물 파스타를 주문했다. 처음 만난 사이니 어색한 분위 기 속에서도 끼니때를 넘겨 둘 다 배가 고팠던 터라 밥 을 먹으면서 이런저런 이야기를 나눴다. 이야기가 잘 통해서인지 따뜻한 음식이 들어가서인지 긴장이 풀리 면서 편안해지기 시작했는데, 한 가지 걸리는 게 있었 다. 아내가 왕새우에 손도 대지 않는 것이었다. 따로 손 질되어 나오지 않아 껍데기가 그대로 붙어 있었는데 발라 먹기 불편해하는 것 같았다. 그걸 보고 있는 나도 불편하기는 마찬가지였다. 갑각류를, 그것도 그냥 새우도 아닌 왕새우를 먹지 않고 버린다는 건 용납할 수 없는 일이니까. 새우도 새우였지만 말도 안 되게 비싼 저 파스타 값에서 왕새우가 차지하는 비중이 절반은 될 거라는 생각이 머릿속을 둥둥 떠다녔다. 결국 나는 아내에게 말을 꺼냈다.

"새우 안 좋아하세요?"

"아뇨, 좋아해요. 왜요?"

"그 왕새우, 왜 안 드세요?"

"아, 그냥요. 오늘은 좀 그래서……."

"먹기 불편해서 그런 거면 제가 발라줄까요?"

초면에 이런 제안이 당황스러웠는지 아내는 잠시 머뭇거렸다. 하지만 이내 미소 띤 얼굴로 "괜찮아요"라며 완곡하게 거절했다. 결국 우리는 왕새우를 그릇 위에 고스란히 남겨둔 채 식당을 나왔다.

소개팅을 하고 나서 겨우 3주 뒤에 나는 아내에게 청혼해 승낙을 받았다. 그로부터 반년 뒤에 우리는 결혼했다. 아내는 스물여섯 살, 비교적 어린 나이에 신부가 됐다. 나중에야 안 사실이지만 아내는 왕새우를 손수 발라주겠다는 나를 세상 다정한 남자라고 생각했단다. 게다가 그런 이야기를 초면에 스스럼없이 건

네는 적극적인 성격도 마음에 들어 결혼을 결심했다고. 그러니까, 나의 유별난 갑각류 사랑과 구두쇠 기질이 의도와는 전혀 다른 효과를 내며 아내의 마음을 움직인 것이다. All's well that ends well. 셰익스피어의 희곡 제목에도 있지, 끝이 좋으면 다 좋다고. 우여곡절이야 있었지만 다행히 아직까지는 14년째 그럭저럭 살고 있다.

라면.

그렇다. 드디어 라면이다. 햄버거에 감자튀김을 빼놓을 수 없듯이, 치킨에 맥주를 빼놓을 수 없듯이, 김밥에는 (떡볶이도 있고 어묵도 있지만) 역시 라면이다.

신문사에서 국제부 기자로 일하던 때, 일주일에 하루 이틀은 야간 당직을 서야 했다. 세상이 비교적 조용한 날이면 일간지들은 보통 자정이 조금 지난 뒤에 최종판을 마감하는데, 다들 퇴근하고 어두컴컴해진 사무실에서도 국제부만은 환하게 불을 밝히고 있었다. 시차가 다른 세계 어딘가에서 언제 무슨 일이 터질지 모르니 당직자가 밤새 외신을 체크하는 것이다. 당직을 서는 날이면 적막한 사무실에 혼자 남아 텔레비전

채널을 CNN에 고정시켜놓곤 노트북 화면을 노려보며 자리를 지켰다. 아예 밤낮이 바뀌어 생활하는 사람이라면 모를까, 이게 생각만큼 적응하기가 쉽지 않다. 새벽 2시가 넘어가면 눈꺼풀이 무거워지고 끊임없이 쏟아지는 영어 기사에 정신이 멍해져서 꾸벅꾸벅 졸기 일쑤였다. 게다가 생활 리듬이 갑자기 뒤바뀌어서인지 배꼽시계가 미친 듯이 울려대곤 했다.

그럴 때 잠도 깨고 허기도 해결하기 위해 사무실 한편에 마련된 당직실이자, 흡연실이자, 탕비실인 곳에 들어가 꺼내 오는 것이 컵라면이었다. 눈치 볼 사람이 없으니 냄새 걱정 없이, 소리 죽여 먹을 필요도 없이 국물이며 면발을 후루룩 삼킬 수 있었다. 하지만 컵라면 하나만으로는 어딘가 허전하다. 분명 배는 부른데, 흡족한 포만감이 찾아오지 않는다. 국물 한 모금을 들이켜면 꼭 김밥이 생각났다. 차가운 김밥, 그것도 편의점 냉장 진열대에 놓여 있는 것 말고 김밥집에서 사 냉장고에 넣어 차갑게 식힌 김밥이. 편의점 김밥은 재료나 제조 과정 때문인지 아니면 꽤 오랜 시간 진열대에 놓여 있기 때문인지 김은 눅눅했고, 밥은 식감이 좋지 않았다. 무엇보다도 속재료가 제육이나 스팸 등 짠

것투성이였다. 참치마요 같은 건 짠맛이 덜해도 내가 차가운 김밥을 고수하는 이유에 맞지 않았다. 번거롭게 냉장고에 식혀가면서까지 먹었던 건, 냉기를 머금어 살짝 굳은 김밥을 컵라면 국물에 담가 먹기 위해서였으니까. 참치마요는 한두 개만 그렇게 먹어도 마요네즈가 풀어지면서 국물이 꽤 먹기 싫은 색으로 흐려졌다. 가장 좋은 건 역시 기본 김밥이다. 이왕이면 우엉조림보다는 데친 시금치 같은 담백한 채소가 들어 있는 기본 김밥.

　라면으로 말하자면, 회사 사무실에서야 이것저것 불편하니 컵라면을 먹었지만 이왕이면 계란 풀고 파도 썰어 넣어 냄비에 끓인 봉지라면 쪽이 좋다. 라면 국물을 들이켤 때마다 김밥이 생각났다는 건 반대로 김밥을 먹을 때마다 라면 국물이 생각났다는 말이기도 하다. 아무래도 김밥은 좀 뻑뻑한 편이니 국물이 옆에 있어야 술술 넘기기 편하다. 분식집에서 흔히 내주는 된장국이나 어묵 국물도 좋고, 여름엔 동치미 국물이나 냉국 같은 것도 좋지만, 역시 얼큰한 라면 국물만큼 김밥에 잘 어울리는 게 없다. 꼭 내 생각만은 아닌 게, 김밥 전문점 중에 라면을 팔지 않는 곳이 없다.

그런데 반대라면 얘기가 좀 달라진다. 라면은 당연하게 파는 분식집에서 김밥의 존재감은 별로 크지 않다. 김밥을 아예 팔지 않는 곳도 있다. 그렇다 해도 김밥 입장에서는 억울할 일이 아닌데, 엄밀히 따지고 보면 애초에 김밥은 분식집 메뉴가 아니기 때문이다. 지금은 '분식'이 간단한 식사거리를 뜻하는 말처럼 쓰이지만, 원래는 밀가루 음식을 가리킨다. 한자로 가루 분粉과 먹을 식食을 합친 것이 분식이다. 요컨대 단어만 놓고 보자면 김밥은 분식의 범위에 들어갈 수조차 없는 것이다. 한국 분식집들의 뿌리라 할 수 있는 '분식 센터'가 설립됐을 즈음에는 실제로 그랬다. 분식센터에서 김밥은 공식적으로 금지된 음식이었다.

분식센터는 박정희 전 대통령의 지시로 서울시가 1969년 2월 26일 시내 네 곳(을지로, 남대문, 신설동, 청량리)에 문을 연 공영 식당이다. 잘 알려져 있다시피 박정희 정부는 심각한 쌀 부족 문제를 해결하기 위해 혼분식 장려 정책을 강력하게 추진했다. 처음엔 원조 물자로, 나중엔 헐값에 들여온 미국산 잉여 밀가루를 한국인의 식탁에 정착시키기 위해 별의별 방법이 다 동원됐다. 공공기관 구내식당에서는 분식만 팔 수 있었고, 학교에서는 매일 학생들의 도시락을 검사해 분식이나 잡곡이 아니면 먹지 못하게 했다. 민간 음식점에서는 쌀 사용이 제한됐다. 수요일과 토요일에 쌀밥을 금지하는 '무미일無米日'이 지정된 것이다. 설렁탕에 밥 대신 소면이 들어가게 된 것도 바로 그래서다. 이를 위반한 식당들에 대해서는 영업 정지를 내리거나 심지어 강제로 폐업시키기까지 했다. 말하자면 쌀밥은 곧 죄악이었다.

하지만 이런 강압적인 조치만으로 오랜 세월 쌀을 먹어왔던 입맛을 단숨에 바꿀 수는 없었다. 이러한 가운데 밀가루 음식 보급이라는 사명을 띠고 등장한 것이 분식센터였다. 정부 주도로 설치된 네 곳에 이어 1969년 7월 영화인협회가 충무로에 '월하의 집'이라는 분식센터를 연다. 개업 첫날에 당대 최고의 스타였던 신영균과 최은희가 홀 서빙을 맡았는데, 두 배우를 보러 온 손님들이 몰리면서 식당 안팎은 인산인해를 이뤘다. 이날 팔린 라면만 680그릇에 달했다. 이후로도 월하의 집은 배우들에게 홀 서빙을 돌아가면서 맡기는 전략으로 화제를 모았다.

라면은 분식센터의 대표 메뉴였다. 한국에서 라

면은 1963년 삼양라면이 일본 묘조식품(1962년 세계 최초로 즉석 라면의 수프 별첨 기술을 개발한 회사이기도 하다)으로부터 기술 이전을 받아 처음 생산했는데, 초기에는 판매가 저조했다. 일본인 입맛에 맞춰 닭 육수 맛을 낸 묘조라멘을 고스란히 재현한 것이어서 한국인 입맛에는 들척지근했기 때문이다. 지금의 라면 국물과는 전혀 달랐다(지금처럼 얼큰한 붉은 국물이 된 건 1980년대 초반이다). 그럼에도 이 라면은 박정희 정부의 분식 장려책과 맞아떨어지면서 1967년 제1회 식품전시회 대통령상을 수상하는 등 '식량난 해결의 역군'으로 추켜세워진다. 삼양을 비롯한 라면회사들은 이 기회를 놓칠세라 라면을 한국인 입맛에 맞게끔 차근차근 개선해나갔다. 학계나 언론도 라면은 칼로리가 높은 우수 식품이라며 홍보전에 가세했다. 비만 인구가 늘고 많은 사람들이 다이어트를 고심하는 지금으로서는 상상하기 힘들지만, 인구 태반이 영양실조에 시달리던 당시에는 고열량 음식이 으뜸이었던 것이다. 이러한 인식은 1969년 삼양라면 광고에서도 드러난다. 광고에는 쌀밥과 라면의 영양을 비교한 표가 큼지막하게 실렸는데, 라면의 1원당 칼로리가 월등히 높음을 내세우고 있다. 그야말로 격세지감이 아닐 수 없다.

물론 분식센터에서 라면만 판 건 아니다. 가락국수(우동), 짜장국수 같은 면류에서부터 찐만두, 찐빵, 샌드위치, 핫도그, 핫케이크 등 이름대로 갖가지 밀가루 음식을 팔았다. 아무래도 낯선 식재료에는 나이 든 사람보다 젊은 사람의 적응이 빨라서인지 분식센터는 곧 청춘들의 핫플레이스로 떠올랐다.

처음에 네 곳으로 시작한 분식센터는 2년 뒤인 1971년엔 공영과 민간을 합쳐 300여 곳에 이를 정도로 늘어났다. 이렇게 폭발적으로 늘어난 것은 앞서 언급한 혼분식 장려 정책 때문이기도 했지만 정부가 분식센터 허가를 쉽게 내주었기 때문이기도 했다. 무허가 접객업소들에 자진 폐업을 하거나, 일정한 시설을 갖춘 뒤 분식센터로 전환하는 두 가지 선택지를 들이민 것이다. 여기에 분식이 뜬다고 하니 골목 안에 자리한 작은 국숫집들까지 '○○분식' 같은 식으로 간판을 바꿔 달았기 때문이기도 했다. 인기에 편승한 일부 대형 분식센터들은 음악다방의 영업 방식을 도입해 DJ를 두고 교복 입은 학생들을 끌어모았다. 1975년 11월 4일 《경향신문》에 실린 기사는 당시 분식센터 풍경을 이렇게 전한다.

　　3일 하오 6시쯤 서울 종로구 신신백화점 내의 신신분식

　(젊은이를 위한 음악의 집)에는 빈자리가 없을 정도로 까까

　머리, 단발머리의 중고생들이 교복 차림으로 모여 재잘

　거리고 있었다. (…) 분식센터는 음란한 일렉트릭 사운드

　의 굉음으로 귀가 따가울 정도이고 구석구석엔 사복 차

　림의 남학생들이 남의 눈도 꺼리지 않고 담배를 피우는

　가 하면 긴 머리를 풀어 내린 여고생들은 깔깔거리며 음

　악에 맞춰 몸을 흔들고 있었다. 한때 남녀 중고교생 탈선

　의 온상처럼 지적됐던 낙원분식장려관은 칸막이가 있고

　조명까지 어두웠었는데 지난 4월 자진 폐쇄했다. 서울 시

　내에서 중고등학교가 밀집된 종로구 안국동, 재동 골목

　은 골목마다 한두 개씩의 분식센터와 문방구가 자리 잡

　듯 성업을 하고 있으며 일부 가게는 채색 유리로 바깥과

　완전 차단, 아늑한(?) 분위기를 조성하기도 했다.

　　이후로도 분식센터가 "탈선의 온상"이 됐음을 지

　적하는 기사가 이어지는 것을 보면 당시 청소년들에

　게 분식센터는 지금의 PC방이나 노래방 같은 장소였

지 싶다. 그 밖에도 여러 문제가 불거졌는데, 밀가루 음식이 아닌 카레라이스 같은 밥 종류를 판매하는 것은 물론(분식센터에서는 원칙적으로 밥 종류를 판매할 수 없었다) 술을 팔다 적발되는 경우도 허다했다. 하지만 분식센터 허가를 너무 쉽게 내주었기 때문인지, 아니면 지금에 비해 단속 인원이 충분치 않았기 때문인지, 아니면 끝내 밥을 찾는 손님들이 많았기 때문인지 단속을 피해 밥장사를 하는 곳이 적지 않았다. 그러면서 '분식'의 의미에 혼동이 생겨나는데, 밀가루 음식이라기보다 젊은 층이 즐겨 먹는 가벼운 먹거리를 가리키는 말로 통하게 된 것이다. 밀가루와는 아무 상관없는 김밥이 분식집 메뉴에 오른 것 역시 이러한 맥락에서였을 것이다.

　　나중에 슬그머니 끼어 들어간 김밥과 달리, 라면은 처음부터 분식집의 당당한 주인공이었다. 분식센터가 큰 인기를 누린 만큼이나 라면 역시 사람들의 입맛을 빠른 속도로 사로잡았다. 한국의 라면 시장은 종주국인 일본을 압도할 정도로 성장했다. 세계라면협회에 따르면, 2020년 1인당 라면 소비량에서 한국은 세계 1위를 차지했다(79.7개). 라면은 밥을 대신하는 끼

넛거리이자, 자취생들의 필수품이자, 야식 메뉴이자, 술안주이자, 해장 메뉴이자, 넷플릭스를 볼 때나 한강 앞에서 맥주를 마실 때나 캠핑장에서 밤을 보낼 때 빠질 수 없는 음식이 됐다. 그럼에도 내게 가장 맛있는 라면은, 낙서로 가득한 분식집에서 잔뜩 찌그러지고 얼룩진 양은냄비에 담겨 나오는 라면이다. 왜일까? 양은이 열전도율이 높기 때문이라고 하는데, 어쩐지 나는 심리적 요인이 더 큰 것만 같다.

어쨌든, 아까 말했듯이 나는 라면 국물에 김밥을 푹 적셔 먹는다. 볶음밥을 만들 때 찬밥을 쓰는 것이 좋듯이, 라면 국물에는 찬밥을 말아야 맛있어지듯이, 라면 국물에 적셔 먹을 김밥도 차가운 것이 좋다. 이건 심리적 요인 때문이 아니다. 수분이 날아가 딱딱하고 건조해진 밥알은 라면 국물을 빠르게 흡수하기 때문이다. 뜨거운 밥을 뜨거운 국물에 말아 넣으면 삼투압 작용이 일어나 오히려 밥알의 수분이 라면 국물로 빠져나간다. 그러면 국물은 밍밍해지고 밥은 밥대로 식감이 떨어진다. 국물에 말아 먹겠답시고 라면 끓이면서 밥까지 지을 사람은 없겠지만 말이다.

먹다 남아서든 나처럼 일부러 차갑게 식히기 위

해서든 냉장고에 들어간 김밥이야말로 라면에 곁들이기 가장 좋은 음식인 이유는 하나 더 있다. 라면 하나만으로는 부족해서 국물에 밥을 말아 먹으면 다음 날 필연적으로 부은 얼굴을 마주하게 되는데, 김밥을 적셔 먹으면 적어도 염분을 덜 먹을 수는 있다. 탄수화물도, 지방도, 나트륨도 충분한 라면에는 없는 식이섬유나 단백질을 김밥 속재료들이 채워주기도 하고 말이다. 물론 말은 이렇게 늘어놓을 수 있지만 방금 끓인 라면이 눈앞에 놓이면 부을 얼굴이니 영양 균형 같은 게 생각날 리 없다. 없던 식욕도 생겨나면서 "한 입만"을 말하게 될 뿐.

누드 김밥.

얄궂다. 이름도 그렇고 모양새도 그렇다.

　　김밥 이야기를 하고 있지만, 주제와는 별개로 분명 반박하는 이들이 있으리라. 누드는 예술의 한 장르일 뿐이며, 그런 색안경을 끼고 누드를 바라보는 건 편견이라고. 행여 누디스트가 읽는다면 저질스러운 사고방식이라면서 펄쩍 뛸지도 모르겠다. 안다. 그래도 어쩔 수 없다. 예술가나 누디스트가 아닌 나에게 알몸은 본능적으로 얄궂다.

　　우리가 흔히 김밥이라고 부르는 건 김으로 밥과 속재료를 꽁꽁 싼, 그래서 겉면에 까만 김이 둘러진 음식이다. 이 상식을 깨고 마치 옷을 벗어 속살을 드러내

듯 김 대신 밥이 튀어나와 있는 게 누드 김밥이다. 만드는 방식은, 우선 김 위에 밥을 고루 깔아준 뒤 그 위를 비닐 랩으로 완전히 덮는다. 그 상태에서 그대로 뒤집으면 랩에 고정된 밥알이 흘러내리지 않고 김 아래에 깔리게 된다. 뒤집혀 올라온 김 위에 속재료를 곧바로 차곡차곡 올린 뒤 랩과 함께 돌돌 만다. 그러니까 겉면에 김 대신 랩이 둘러지는 것이다. 랩으로 싼 밥을 적당한 힘으로 눌러주면 밥알의 찰기 때문에 뭉쳐지면서 모양이 잡힌다. 랩을 떼어낸 뒤 부서지지 않도록 도톰한 두께로 썰어서 완성한다.

그냥 김으로 한 번에 싸서 썰기만 하면 될 것을, 랩을 붙였다가 떼었다가…… 여간 번거로운 게 아니다. 김밥 자체도 손이 많이 가는 음식인데, 누드 김밥은 손이 더 많이 간다. 김밥은 옆구리가 터질 때 재빨리 김을 덧대어 응급조치라도 할 수 있지, 누드 김밥은 썰다가 부스러지면 거기서 끝장이다. 그러니 칼질도 조심조심해야 한다.

어쩌다 이런 얄궂은 김밥이 생겨났을까? 관련 자료를 찾던 중 1995년 신문에 실린 기사 중 이런 대목이 눈에 띄었다(〈신세대 입맛도 세계화〉, 《경향신문》,

1995.05.16).

'다국적 음식'이 신세대들에게 인기를 끌고 있다. 신세대가 많이 찾는 서울 강남·신촌 지역 등지에서 이들 음식을 파는 가게들이 성업 중이다. 강남 압구정동 갤러리아 백화점 맞은편 분식집 '151'. 이곳의 최고 인기 품목은 고추장 대신 사과가 주 원료인 소스로 떡가래를 볶은 프랑스 떡볶이. 이와 함께 국수 대신 밥에다 스파게티 소스를 얹은 이탈리안 덮밥도 잘 팔린다. 주인 ○○○씨(34)는 "하루 100명이 넘는 신세대가 주 고객"이라며 "평범함을 거부하는 신세대 취향에 맞춰 특이한 이름을 지은 것이 주효한 것 같다"고 설명했다. (…) 밥이 바깥에 나오고 김이 안에 들어가도록 말은 캘리포니아 김밥도 인기 있는 이 중 국적 음식. 이 김밥은 겉과 속이 바뀌어 밥이 보인다고 '누드 김밥'으로도 불리며 특히 여대생들에게 별미 간식으로 많은 사랑을 받고 있다.

기사를 참고한다면 누드 김밥이라는 이름은 압구정동의 유명 분식집에서 팔던 '캘리포니아 김밥', 즉 캘리포니아 롤의 별칭이었다. 캘리포니아 롤의 한국식 표현이 누드 김밥이었던 것이다.

　　그 시대에 압구정동은 오렌지족들의 아지트였다. 오렌지족은 금수저 물고 태어난 강남 부자들의 자녀이면서 미국 유학생이었다. 혹은 한국 국적자인 부모와 달리 온갖 편법으로 미국 시민권이나 영주권을 획득한 검은 머리 외국인이었다. 유학생 신분이지만 애초에 공부와는 담쌓은 망나니들이 대부분이어서 사회적 지탄을 받았다. 이들은 압구정동 갤러리아 백화점 건너편의 압구정로데오 거리에서 흥청망청 돈을 써대며 '그들만의 세상'을 구축했다. 당시 압구정로데오 일대의 가게들은 면세점도 아니면서 달러를 받는 곳이 많았다. 오렌지족들이 미국 생활 중에 한국의 부모에게서 용돈으로 송금 받은 달러를 다시 원화로 환전하기 귀찮다며 그대로 썼던 것이다. 하지만 이들은 압구정로데오를 먹여 살리는 주요 수입원이었기에 점주들은 환차손 위험이나 환전 수수료를 감수하면서까지 달러를 받았다. 한국 땅에서 달러가 버젓이 통용될 정도였으니, 물 건너온 이들의 입맛에 맞게 압구정로데오가 미국 물을 먹은 건 당연했다. 여기에 물질만능주의가 만개해 명품 가방과 옷, 수입차로 뒤덮이며 이

거리는 사치의 절정을 달렸다. 이런 독특한 분위기가 조성되자 오렌지족뿐 아니라 그들의 소비문화를 동경하는 보통의 X세대 젊은이들도 압구정동에 몰려들었다.

허세와 과시욕이 넘치는 그런 동네에 어울리려면 분식집도 달라야 했다. 서민 동네의 분식집에서 파는 평범한 메뉴로는 미국 입맛에 길들여진 오렌지족이나 "난 다르다"고 부르짖는 X세대를 붙잡을 수 없었다. 떡볶이는 프랑스 떡볶이가, 덮밥은 이탈리아 덮밥이 되어야 했다. 김밥도 미국 물 먹은 캘리포니아 김밥이어야 했다. 1995년에는 우루과이 라운드*가 발효되면서 수입 농산물이 한국인의 식탁에 본격적으로 오르기 시작했는데, 그중에는 캘리포니아 롤의 핵심 재료인 아보카도도 있었다. 그래서인지 압구정동의 고급 분식집뿐 아니라 명동, 신촌 등 X세대가 주로 모이는 곳에 캘리포니아 롤을 파는 식당이 속속 들어섰다. 호기심에 이 별난 김밥을 먹어보려는 젊은이들도 덩달

---

*   1986년부터 시작된 다자간 무역협상으로 세계 무역 자유화를 실현하기 위해 설립됐다. 1992년 농산물 협상이 타결된 뒤 1995년 발표됐다.

아 늘었다. 당시 이대 앞 상점가 골목에는 아예 노골적으로 '캘리포니아 롤'이라고 간판을 단 음식점이 생겼을 정도였다. 그런데 앞에서 인용한 기사에 적힌 것처럼 캘리포니아 롤은 누드 김밥으로 불리기도 했다. 이름이 너무 길어서 발음하기 불편했던 것도 있겠지만, '누드'라는 단어가 만들어내는 자극적인 어감과 호기심 어린 시선을 노리지 않았을까 싶다.

한편 앞서 살펴본 것처럼 김밥은 1990년대 이후 간편한 외식 메뉴로 인기가 높아졌다. 캘리포니아 롤이 유행하기 시작한 1990년대 중반에는 전국 상권의 요지마다 즉석김밥집이 들어서 있었다. 김밥집들 사이에 경쟁이 치열해지면서 새로운 메뉴를 개발해 내놓는 곳들이 늘었고, 그러면서 김밥의 종류가 다양해졌다. 이름도 모양도 독특한 누드 김밥은 손님들의 시선을 끌기에 안성맞춤인, 경쟁력 있는 김밥이었다. X세대가 캘리포니아 롤에 꽂힌 것을 간파한 일반 분식집이나 김밥집들은 이를 흉내 낸 누드 김밥을 선보였는데, 정작 가장 중요한 재료인 아보카도는 넣을 수 없었다. 아무리 수입 농산물 개방으로 관세가 낮아졌다고 해도 태평양을 건너온 식재료는 비쌌던 것이다. 아보카도가 들어가지 않은 김밥을 두고 '캘리포니아' 운운할 수는 없으니 메뉴판에는 그냥 누드 김밥으로 적었다. 그러니까 모양만 그럴싸한, 가짜 캘리포니아 롤이 누드 김밥으로 둔갑한 셈이다. 누드 김밥이라는 이름을 붙이니 속재료는 햄이든 캔 참치든 마음껏 고를 수 있었고, 맛은 완전히 한국화됐다.

그렇다면 누드 김밥의 원조 격인 캘리포니아 롤은 어떻게 탄생했을까? 유래에 대해서 보통 두 가지 설이 제기되는데, 이름처럼 캘리포니아주가 근원지라는 것과 캐나다 밴쿠버에서 개발돼 캘리포니아 일대에서 유행하며 캘리포니아 롤이 된 것이라는 주장도 있다. 가장 잘 알려진 이야기는 1960년대 미국 LA의 대형 일식집 '토쿄 카이칸Tokyo Kaikan' 유래설이다.

이 시기에 일본 경제는 고도성장 중이었다. 1945년 2차 대전 패전국이 되어 침몰했던 일본은 1950년 한국전쟁 발발로 재기의 기회를 잡았다. 미국과 연합군의 전초기지 역할을 맡아 물자를 공급하면서 제조업이 부흥했다. 이후 일본은 가전제품과 자동차 수출로 경제 대국이 됐다. 주요 수출국은 미국이었는데, 태평양에 인접한 LA가 그나마 일본과 가까워 1960년대

미·일 무역의 거점으로 부상했다. 일본 회사원들의 LA 출장이 잦아지자, 이 수요에 따라 탄생한 음식점이 바로 토쿄 카이칸이었다.

그런데 아무리 출장을 많이 온들, 수용 인원이 500명에 달한 대형 음식점에서 일본인들만 상대해서는 수익이 충분히 나지 않았다. 하루빨리 현지인 손님을 확보하는 게 관건이었지만, 미국인들은 일식집의 기본 메뉴인 스시를 꺼렸다. 굽거나 튀긴 요리에 익숙한 그들에게 비릿한 날생선을 그대로 먹는다는 건 미개하고 괴기스러운 행위나 다름없었다. 스시가 워낙 안 팔리다 보니 일식집인데도 중국 음식을 팔 정도였다.

식당 경영진과 요리사들은 어떻게 하면 미국인들이 스시에 친숙해질 수 있을까 고민했고, 시행착오 끝에 개발한 것이 바로 캘리포니아 롤이었다. 요리사들은 촉촉하면서 미끌미끌한 식감이 나는 날생선의 대체재로 아보카도와 마요네즈를 선택했다. 캘리포니아 일대는 원래 멕시코에 속했던 지역이고 히스패닉 거주자가 많아 멕시코의 대표 식재료인 아보카도를 많이들 먹었다. 여기에 해산물의 맛과 향이 나도록 미국인들이 즐겨 먹는 대게 살도 넣었다. 처음엔 초밥처럼 아보카도를 밥 위에 올려 내놓았는데, 식욕을 떨어뜨리는 녹색의 위압감 때문인지 반응이 좋지 않았다. 그래서 노리마키 형태로 만들어 아보카도, 마요네즈, 게살을 김과 밥 속에 넣어 선보이자, 이번엔 김을 일일이 떼어낸 뒤 먹었단다. 해초류가 낯선 미국인들이 김은 잘 먹었을 리 없다. 결국 김도 속으로 숨겨 넣다 보니 밥알이 겉면으로 튀어나오게 되면서 지금의 캘리포니아 롤이 완성됐다고.[*]

전략은 먹혔다. 일본 스시를 미국화한 퓨전 음식인 캘리포니아 롤은 엄청난 인기를 모으며 미국 전역으로 확산됐다. 그러자 일식에 관심이 높아지면서 스시도 덩달아 팔리기 시작했다. 경제성장과 함께 1970년대 이후 애니메이션, 게임 등 일본 대중문화의 인기가 미국에서 높아진 것도 일식의 저변 확대에 영향을 끼쳤다. 그럼에도 미국인들은 정통 일식 스시보다 자신들의 취향에 맞게 미국에서 탄생한 유사 일식 캘리포니아 롤을 더 선호했다. LA 등 캘리포니아 일대 학

[*]　Sasha Issenberg, 《The Sushi Economy: Globalization and the Making of a Modern Delicacy》, Gotham Books, 2007.

교에 유학했던 오렌지족도 마찬가지였다. 이들의 입맛과 함께 한국까지 건너온 캘리포니아 롤은 다시 변형됐다. 일본에서 미국으로, 다시 미국에서 한국으로 두 번이나 태평양을 건너면서 퓨전에 퓨전이 거듭된 결과물이 바로 누드 김밥이었다.

앞서 언급한 것처럼 누드 김밥은 1990년대 중반 이후 동네 김밥집에서도 흔히 볼 수 있는 인기 메뉴가 됐다. 하지만 캘리포니아 롤은 달랐다. 번화가에나 가야 접할 수 있었다. 내가 캘리포니아 롤을 처음 먹어본 것도 대학에 입학한 뒤 이대 앞 상점가의 한 퓨전 일식집에서였다. 건물 외관이나 내부 분위기가 대학생들의 데이트 장소로 딱 좋은, 세련되고 깔끔한 곳이었다. 촉촉하고 부드러운 캘리포니아 롤은, 김밥만 먹고 자란 내게 색다른 맛이긴 했지만 양에 비해 턱없이 비쌌다. 그 돈이면 차라리 분식집에서 누드 김밥에 떡볶이와 라면을 곁들이는 게 만족스러웠다.

그런데 1990년대 중반으로부터 몇 년이 흐른 뒤, LA에 사는 친구 집을 방문했다가 해산물 뷔페에서 본고장의 캘리포니아 롤을 마주하고 깜짝 놀랐다. 일단 게살(게맛살이 아니라) 말고도 참치, 연어 등 종류가 다양해 눈이 휘둥그레졌다. 무엇보다 한국에서 먹던 것에 비하면 크기가 족히 3배는 돼 보였다. 아보카도 같은 속재료를 아낌없이 꽉꽉 채워 넣어서 풍미는 훨씬 진했다. 이렇게 장사해도 남는 게 있나, 뷔페 주인이 걱정스러울 정도였다. 하긴 캘리포니아 롤만 그런 게 아니라 모든 미국 음식이 큼지막하고 푸짐했다. 1인분의 상식이 한국과는 사뭇 달랐다. 햄버거도 피자도 샌드위치도 파스타도 대국다운 풍모였다. 미국인들이 덩치가 큰 데에는 다 이유가 있었다.

아무튼 캘리포니아 롤이 원래 이런 음식이구나, 한국에 돌아가면 이런 캘리포니아 롤은 구경도 못 할 테니 실컷 먹어둬야지, 라는 생각에 미친 듯이 먹어댔다. 물론 스시며 랍스터며 다른 해산물도 신나게 먹어치우긴 했다. 그렇잖아도 해산물, 그중에서도 갑각류라면 사족을 못 쓰는 내가 뷔페까지 갔으니 오죽했을까. 결국 배탈이 단단히 나서 고생했다. 그래도 후회는 없다. 그 이후로는 미국에 간 적이 없는데, 내 예상대로 당시 LA에서 먹었던 캘리포니아 롤 같은 건 20여 년이 지난 여태까지 구경도 못 했으니까.

얼마 전 차를 타고 가다 '엄마 김밥'이라는 간판을 내건 가게를 봤다. 보이길래 봤을 뿐 별 생각은 없었다. 그런데 채 5분도 지나지 않아 대로변에 '엄마 김밥'이 또 나타나는 게 아닌가. 프랜차이즈로 묶인 가게여서 상호가 같은 게 아니었다. 외관도, 간판도 전혀 달랐으니까.

여느 때라면 무심히 지나쳤을 차창 밖 풍경이건만, 김밥을 주제로 책을 쓰고 있어서인지 예사로이 보이지 않았다. 우연히 같은 상호를 연달아 보게 된 걸까, 아니면 이름에 '엄마'가 들어가는 김밥집이 흔한 걸까. 궁금해서 검색해봤다. 그랬더니, 와, 정말 많다. '엄마 김밥'은 물론 '울엄마 김밥'이니 '엄마손김밥'이니 '엄마네 김밥'이니, 김밥집 이름에 엄마가 들어간 곳이 전국 각지에 어마어마하게 많다. 생각해보면 딱히 놀랄 일은 아니다. 푸근한 느낌을 주는 자그마한 밥집 이름에서 '엄마'라는 단어는 꽤 자주 발견되곤 하니까. 그렇다고는 해도 다른 종류의 음식점에 비해 (물론 통계 자료 같은 건 없고 경험적인 근거에 기댈 뿐인데) '엄마' 김밥집이 유독 많아 보이긴 했다. 이쯤에서 또 다른 호기심이 발동했다. '아빠 김밥'은 과연 얼마나 있을지. 찾아보니, 줄줄이 검색되는 엄마 김밥과 달리 아빠 김밥은 손에 꼽을 만큼 드물다. 일단 서울 시내에서는 단 한 군데도 찾을 수 없었다. '딸 김밥'이나 '아들 김밥' 같은 건 아예 존재하지도 않는다.

가게 이름은 모름지기 손님의 눈길을 단숨에 사로잡으면서 구매욕이 들도록 지어야 한다. 그러니까 '엄마'를 넣은 가게 이름은 김밥을 사 먹는 손님들에게 꽤 잘 먹히는 상호인 셈이다. 책을 열면서 어린 시절 엄마가 김밥을 싸주던 추억을 이야기했는데, 이게 나만의 정서는 아닌 모양이다. 밖에서 돈 주고 사 먹을지언정, 많은 사람들에게 김밥은 여전히 엄마가 집에서 싸주는 음식인 것이다. 아니, 그런 음식이어야 한다. 더이상 어머니들이 가족의 식사를 도맡는 전업주부인게 당연한 시대가 아닌데도 말이다.

그로부터 며칠 뒤 엄마네 집을 찾아갔다. 코로나가 기승을 부려 외식은 꺼려지니 배달 음식을 주문해 먹자고 설득했지만, 엄마는 오랜만에 집밥 챙겨 먹이고 싶어 벌써 재료를 다 손질해놓았다면서 굳이 김밥을 쌌다. 밥 하는 게 세상에서 제일 싫다고 입버릇처럼 말하는 엄마인데도, 어쩐지 김밥을 싸는 엄마 얼굴에는 미소가 걸려 있었다. 그 모습을 보고 있자니 문득 궁금해지는 게 있었다.

"그런데 말이야. 나 어렸을 때 도대체 김밥을 왜 그렇게 자주 싸준 거야?"

갓 썰어 그릇에 올린 따끈한 김밥 하나를 날름 집어 먹으면서 내가 물었다.

"왜긴 왜여? 맨날 뭘 해줘도 잘 안 처드셔서 속 썩이는데, 김밥만 해줬다 하면 잘 처드시니까 그런 거지."

열 살 때 보약을 지어 먹고 식욕이 폭발하기 전까지, 나는 입이 짧은 아이였다. 가리는 음식이 많았다. 잘 안 먹고 골고루 먹지도 않으니 비쩍 마르고 병약했다. 엄마는 볼살이 통통하게 오른 다른 집 아이들만 보면 무척 속상해했다. 그런데 돌이켜보면 그때도 김밥

만큼은 맛있게 잘 먹었다. 밥투정이 심한 아이들도 밥을 김에 싸주면 납죽납죽 잘 받아먹곤 한다. 하물며 고기나 소시지, 달걀이 들어간 고소한 김밥이야 말할 것도 없다. 슬그머니 끼워 넣은 시금치며 당근 같은 채소까지 곧잘 먹으니 영양 균형 면에서도 엄마들의 고민을 해결해주는 음식이 바로 김밥이다.

그 시절엔 지금처럼 김밥집이 흔하지도 않았고 김밥이 일상적인 음식도 아니었다. 주로 소풍날이나 운동회 때 먹는 별식이었다. 엄마도 원래는 어린 아들이 소풍 가는 날 아침에만 김밥을 쌌다. 속재료들을 일일이 준비해 한 줄 한 줄 싸려면 보통 손이 많이 가는 게 아니다. 요리 시간도 한참 더 걸린다. 평소보다 훨씬 일찍, 새벽에 밤잠 설치며 일어나 부산을 떨어야 했다. 어쩌다 가는 소풍이고 어쩌다 싸는 김밥이니 그냥 참고 했을 것이다. 그런데 입 짧은 이 애물단지가 김밥만 싸주면 환장하고 잘 '처드신'다. 평소 얄밉도록 도리질하던 시금치며 당근이며 우엉조차 김밥 속에 넣어주면 꿀꺽꿀꺽 잘만 삼킨다. 그러니 어쩌랴. 소풍 가지 않는 날에도 김밥을 자주 해 먹일 수밖에 없었다. 자식에게 뭐라도 좋은 것 하나 더 챙겨 먹이려는 엄마 마음이 김밥이었던 것이다. 어린 시절 집에서 김밥을 유독 자주 먹었던 이유가 나의 짧은 입 때문이었다는 것을, 내가 그때의 엄마보다 한참 더 나이를 먹은 이제야 깨닫게 됐다.

소풍이나 운동회 날 점심시간이면 친구들끼리 둘러앉아 각자 싸 온 김밥을 네댓 개씩 바꿔 먹곤 했다. 겉보기엔 비슷비슷한데도 서로 남의 집 김밥 맛이 궁금했던 것이다. 이런저런 김밥들을 맛보았지만 내 입맛에는 엄마가 만들어준 게 가장 맛있었다. 하지만 그건 순전히 나의 주관적 판단일 뿐, 내가 싸 간 김밥이 친구들 사이에서 딱히 인기 있는 편은 아니었다. "너희 엄마 김밥, 진짜 맛있다"란 극찬을 들어본 기억도 없다. 다른 아이들의 취향이야 어떻든, 그래도 나에겐 엄마 김밥이 단연 으뜸이었다. 어쩌면 나도 김밥을 입에 넣을 때마다, 자식 위하는 엄마의 애틋한 마음과 정성을 은연중에 헤아렸던 게 아닌지.

세월이 한참 흘러 이젠 칠순이 넘은 엄마가 싸주는 김밥을 먹으면서, 사춘기 이후로는 영 무뚝뚝한 아들이 돼버린 내가 툭 내뱉듯 한마디 던졌다.

"난 엄마 김밥이 제일 맛있더라."

그러자 엄마가 환하게 웃으며 대꾸했다.

"나도 우리 엄마가 싸준 김밥이 제일 맛있었어. 옛날에 나 학교 다닐 때 소풍 가면 네 외할머니가 소고기 구워 넣어 싸줬던 그 김밥."